Fundamentos de Cibersegurança para Iniciantes

Entenda as Ameaças Online, a Proteção por Senhas e Como Permanecer Seguro em um Mundo Conectado

Por Joe Correa

Publicado por Live Stronger Faster

Primeira Edição

Sumário

Introdução 7

Capítulo 1: O Que É Cibersegurança e Por Que Ela É Importante 11

Capítulo 2: Senhas, Frases-Senha e Proteção dos Seus Logins 23

Capítulo 3: Reconhecendo Golpes, Phishing e Ataques de Engenharia Social 35

Capítulo 4: Protegendo Seus Dispositivos — Celulares, Computadores e Tablets 46

Capítulo 5: Navegação Segura na Internet e Proteção das Suas Atividades Online 56

Capítulo 6: Protegendo Seus Dados Pessoais e Sua Privacidade Online 66

Capítulo 7: Protegendo Seu E-mail, Mensagens e Contas de Redes Sociais 77

Capítulo 8: Protegendo Seus Filhos e Sua Família Online 88

Capítulo 9: Reconhecendo e Respondendo ao Roubo de Identidade 99

Capítulo 10: Construindo uma Mentalidade de Cibersegurança para a Vida Toda 112

Epílogo: Um Você Mais Seguro Começa Agora 125

Introdução

Vivemos em um mundo mais conectado do que nunca. De termostatos inteligentes e rastreadores de atividades físicas a serviços bancários online e dados empresariais armazenados na nuvem, nossas vidas pessoais e profissionais estão profundamente integradas ao ambiente digital. Embora essa conveniência ofereça oportunidades incríveis, ela também abre portas para riscos sem precedentes. Todos os dias, milhões de pessoas se expõem, sem perceber, a hackers, golpes de phishing, roubo de identidade e violações de dados — não porque sejam descuidadas, mas porque simplesmente não sabem o que procurar. É aqui que este livro, e esta série, começa.

Fundamentos de Cibersegurança para Iniciantes é o seu guia amigável, sem jargões técnicos, para compreender as ameaças digitais ao seu redor e aprender a proteger a si mesmo e suas informações. Este livro foi escrito para pessoas comuns — não para especialistas em tecnologia. Seja você um pai ou mãe tentando manter os filhos seguros online, um empresário que precisa proteger dados de clientes, ou alguém que apenas quer parar de ser hackeado e enganado, você está no lugar certo.

Cibersegurança não é apenas para departamentos de TI e agências governamentais. É para todos. Na verdade, os cibercriminosos frequentemente dependem da ignorância e da complacência. Eles não precisam "hackear" sistemas sofisticados quando podem simplesmente enganar alguém para clicar em um link malicioso ou reutilizar a mesma senha fraca em dezenas de contas. A verdade é que a maioria das violações de segurança pode ser evitada com os hábitos, ferramentas e conhecimento certos — e é exatamente isso que este livro ensinará.

Começaremos pelo básico: o que realmente significa cibersegurança, os tipos de ameaças que você pode enfrentar e por que isso é mais urgente agora do que nunca. A partir daí, explicaremos o que torna uma senha forte (e como lembrá-la), como identificar e-mails de phishing e sites falsos, e como usar autenticação de dois fatores e VPNs para proteger seus dados como um profissional. Você também aprenderá como proteger seus dispositivos, redes e até mesmo seus familiares, utilizando estratégias simples e de baixo custo.

O objetivo deste livro não é sobrecarregá-lo com linguagem técnica nem assustá-lo com paranoia. É capacitá-lo com medidas práticas que você pode adotar imediatamente — mesmo que nunca tenha se considerado uma pessoa "boa com tecnologia". Você não precisa de um diploma em ciência da computação para se manter seguro online. Você só precisa da mentalidade certa e das informações corretas, apresentadas de forma clara e prática.

Este é o Livro 1 da série Cyber Shield Academy, uma jornada em 10 partes do nível iniciante ao domínio prático da cibersegurança. Cada livro da série foi desenvolvido para ajudá-lo a dominar uma área essencial da cibersegurança e da privacidade digital — desde compreender ameaças e proteger seus dispositivos até resguardar sua pequena empresa, dominar comunicações seguras e entender leis de privacidade de dados. Você encontrará ferramentas práticas, exemplos do mundo real e orientações passo a passo para construir sua confiança digital, um tópico de cada vez.

Antes de começarmos, lembre-se de algo importante: as ameaças cibernéticas podem estar crescendo, mas sua capacidade de superá-las também. Este livro é o primeiro passo para recuperar seu poder no mundo digital. A internet veio para ficar — e os riscos também — mas, com a proteção certa, você pode permanecer seguro, confiante e no controle.

Vamos começar sua jornada pela cibersegurança.

Capítulo 1: O Que É Cibersegurança e Por Que Ela É Importante

Cibersegurança é a prática de proteger computadores, servidores, dispositivos móveis, redes e dados contra ataques maliciosos. No mundo conectado de hoje, quase tudo o que fazemos — desde operações bancárias e compras até conversas e trabalho — depende de sistemas digitais. Esses sistemas tornam a vida mais fácil, mas também criam vulnerabilidades. A cibersegurança atua como uma armadura invisível que usamos para proteger nossa presença digital contra roubo, exploração e destruição.

Pense na cibersegurança como uma combinação entre uma rotina de higiene pessoal e um sistema de defesa nacional. Em pequena escala, trata-se de usar senhas fortes, bloquear o celular e evitar links suspeitos. Em uma escala maior, envolve proteger hospitais contra ataques de ransomware, blindar redes elétricas contra invasões estrangeiras e defender pequenas empresas contra vazamentos de dados de clientes. Seja você um indivíduo ou uma organização, a cibersegurança é sua primeira linha de defesa.

Os Riscos do Mundo Real: Não É "Se", É "Quando"

Muitas pessoas acreditam, de forma equivocada, que ataques cibernéticos só acontecem com grandes empresas ou pessoas extremamente ricas. Mas, na realidade, a maioria dos ataques mira indivíduos comuns e pequenas empresas. Por quê? Porque são alvos fáceis. Geralmente não possuem sistemas avançados de segurança, e hackers podem automatizar ataques em massa para explorar vulnerabilidades.

Se você já teve uma conta de rede social invadida, recebeu um e-mail suspeito "do seu banco" ou percebeu cobranças estranhas no cartão de crédito, então já experimentou esses riscos na prática. Cibercriminosos usam desde phishing por e-mail e sites falsos até malwares escondidos em aplicativos e downloads gratuitos. Essas táticas exigem pouco esforço, mas podem roubar sua identidade, esvaziar sua conta bancária ou comprometer sua reputação.

A cibersegurança não é mais opcional. O cenário de ameaças evolui diariamente — e cabe a você permanecer um passo à frente. Aprender o básico é o primeiro e mais importante passo.

Os Pilares Fundamentais da Cibersegurança

A cibersegurança é construída sobre pilares essenciais que trabalham juntos para formar um sistema completo de proteção. O primeiro é a confidencialidade — manter informações sensíveis privadas e longe de mãos erradas. Isso inclui desde senhas e números de documentos até arquivos empresariais e históricos médicos. Sem confidencialidade, a confiança nos sistemas digitais desaparece.

O segundo pilar é a integridade — garantir que os dados permaneçam precisos e inalterados, exceto quando autorizados. Imagine se um hacker pudesse modificar seus registros bancários, histórico médico ou informações profissionais sem que você soubesse. Manter a integridade dos dados garante que o que está armazenado seja verdadeiro.

O terceiro pilar é a disponibilidade — garantir que informações e sistemas estejam acessíveis às pessoas certas no momento certo. Ataques de negação de serviço (DoS), por exemplo, podem derrubar sites inteiros ou interromper serviços. A alta disponibilidade é essencial tanto para empresas quanto para usuários que dependem de acesso em tempo real.

Quando você ouve falar em cibersegurança, está ouvindo falar sobre a proteção desses três princípios: confidencialidade, integridade e disponibilidade — também conhecidos como a "Tríade CIA".

Cibercriminosos: Quem São e O Que Querem?

Nem todos os hackers usam moletom e vivem em porões. Na verdade, os cibercriminosos existem em muitas formas — e nem todos são humanos. Alguns são hackers solitários em busca de lucro pessoal, enquanto outros fazem parte de grupos patrocinados por governos envolvidos em guerras digitais. Alguns utilizam ransomware para bloquear sistemas e exigir pagamento. Outros se passam por bancos ou empregadores. Há ainda bots e scripts movidos por inteligência artificial capazes de atingir milhares de usuários simultaneamente.

As motivações variam. Alguns querem dinheiro. Outros buscam influência política, vingança, acesso a propriedade intelectual ou status em fóruns obscuros da internet. Alguns ataques são aleatórios; outros são altamente sofisticados e direcionados. Quanto mais você entende a mentalidade de um cibercriminoso, melhor consegue se proteger.

Este capítulo não é sobre medo — é sobre conscientização. Quando você reconhece os diferentes tipos de ameaça e quem está por trás delas, começa a retomar o controle.

O Custo da Ignorância: Consequências Pessoais e Profissionais

As consequências de ignorar a cibersegurança vão muito além de uma conta de rede social hackeada. Em nível pessoal, sua identidade pode ser roubada, sua conta bancária esvaziada, seu crédito prejudicado ou suas fotos expostas. Em nível profissional, uma única violação de dados pode destruir a reputação de uma empresa, gerar processos judiciais e resultar em perdas financeiras devastadoras.

Por exemplo, um pequeno empresário pode perder todos os dados de clientes após um ataque de phishing, levando à perda de contratos e até ações judiciais. Um freelancer pode ter todo o portfólio destruído por ransomware. Às vezes, um único clique no link errado é suficiente para espalhar malware por dispositivos e redes.

Cibersegurança não é apenas uma questão tecnológica — é uma questão de vida. Ela afeta suas finanças, seu trabalho, sua família e sua tranquilidade. Quanto mais proativo você for, menos precisará reagir quando algo der errado.

A Mentalidade do Iniciante: Você Não Precisa Ser um Gênio da Tecnologia

A boa notícia é que aprender o básico de cibersegurança não exige diploma em tecnologia nem habilidades de programação. O que exige é conscientização, criação de hábitos e responsabilidade sobre sua vida digital. Assim como trancar a porta de casa à noite, praticar cibersegurança deve se tornar algo natural.

Comece entendendo o valor das suas informações. Cada e-mail, senha, login ou foto pode ser um ponto de entrada para um cibercriminoso. Depois, crie o hábito de questionar tudo: este e-mail é realmente de quem diz ser? Este site é seguro? Minha senha é fácil demais de adivinhar? Pequenas mudanças de mentalidade podem gerar enorme proteção.

Este capítulo prepara o cenário para o restante do livro — e para toda a série. Você evoluirá de estratégias básicas de proteção para práticas mais avançadas com o tempo. Mas, independentemente de quão longe vá, lembre-se: a cibersegurança começa com uma escolha — levar sua segurança digital a sério.

O Despertar

Sophia nunca pensou muito sobre cibersegurança. Ela era uma escritora freelancer na casa dos trinta anos, trabalhando de casa em um apartamento aconchegante nos arredores de Seattle. Suas manhãs geralmente começavam com uma xícara de café, uma rápida olhada nas redes sociais e o início de mais um projeto para clientes. A vida era simples e digital. Como a maioria das pessoas, ela reutilizava senhas, clicava em "Lembrar mais tarde" nas atualizações de software e assumia que algum antivírus antigo ainda estava funcionando em segundo plano.

Numa manhã de segunda-feira, ela abriu o notebook e encontrou algo estranho. Uma tela vermelha piscando havia substituído sua área de trabalho. Uma mensagem dizia: "Seus arquivos foram criptografados. Pague US$ 1.200 em Bitcoin para desbloquear seus dados." Seu estômago afundou. Ela tentou clicar para sair, mas não adiantou. Todos os seus documentos — artigos, contratos e até fotos pessoais — estavam bloqueados. Ela não entendia como aquilo havia acontecido. E essa era a pior parte: não fazia ideia por onde começar.

Conforme as horas passavam, o pânico aumentava. Ela ligou para Mike, um amigo entendido em tecnologia, que rapidamente explicou que ela provavelmente havia sido vítima de ransomware — um tipo de ataque em que hackers bloqueiam arquivos e exigem pagamento. "Você clicou em algo estranho recentemente?", perguntou.

Sophia se lembrou de um e-mail que parecia vir da empresa de um cliente. O assunto dizia "Fatura em Anexo" e até usava o nome do cliente. Sem pensar muito, ela clicou no link e abriu um arquivo que parecia uma planilha. Isso havia acontecido três dias antes.

Mike suspirou. "Provavelmente foi isso. Eles usam e-mails de phishing que parecem muito convincentes. Não foi culpa sua, mas da próxima vez você precisa verificar o remetente e nunca abrir anexos aleatórios."

Sophia se sentiu ingênua. Ela não era uma adolescente imprudente navegando em sites suspeitos. Só estava tentando fazer seu trabalho. Mas, de alguma forma, havia deixado alguém entrar pela porta da frente de sua vida digital — e agora tudo estava em risco.

Nos dias seguintes, Sophia aprendeu mais sobre cibersegurança do que em toda a sua vida. Começou a assistir vídeos, ler artigos e ouvir podcasts sobre higiene digital. Quanto mais aprendia, mais ficava irritada — não apenas com os hackers, mas consigo mesma por acreditar que nunca precisaria se preocupar com isso.

Ela descobriu que mais de 300 mil novos programas maliciosos são criados diariamente, que golpes de phishing causam bilhões em prejuízos por ano e que 60% das pequenas empresas fecham dentro de seis meses após um ataque cibernético. E ali estava ela, uma empresa de uma pessoa só, totalmente vulnerável e despreparada.

Sophia sempre se considerou inteligente. Nunca imaginou que um hacker perderia tempo com alguém como ela. Mas esse é exatamente o ponto — cibercriminosos nem sempre buscam grandes alvos. Eles procuram vitórias fáceis. Pessoas que não percebem até ser tarde demais. E, dessa vez, ela havia sido o alvo perfeito.

Depois de noites sem dormir e mais café do que gostaria de admitir, Sophia tomou uma decisão: não pagaria o resgate. Mike a ajudou a apagar o disco rígido e recuperar o que fosse possível por meio de backups antigos na nuvem. Ela perdeu cerca de 30% do trabalho — incluindo escritos pessoais que não havia salvo em outro lugar. Mas considerou isso como uma lição. O preço pago por sua ingenuidade digital.

Mais importante ainda, fez uma promessa a si mesma: nunca mais seria pega desprevenida.

Ela começou a tomar medidas práticas. Instalou um gerenciador de senhas e criou frases longas e únicas para cada conta. Ativou autenticação de dois fatores em e-mail, banco e redes sociais. Passou a atualizar softwares regularmente. Também começou a usar VPN ao trabalhar em cafés ou espaços compartilhados.

Os amigos brincavam dizendo que ela havia se tornado fanática por cibersegurança. Mas Sophia apenas sorria. Ela não estava paranoica — estava preparada.

Aquele ataque se tornou um ponto de virada em sua carreira. Ela começou a escrever artigos sobre cibersegurança para freelancers, criar guias para trabalhadores remotos e produzir conteúdo para startups focadas em segurança online. Sua experiência dolorosa lhe deu um novo nicho — e um novo propósito.

Um de seus artigos mais populares se chamava "Isso Nunca Vai Acontecer Comigo — Até Acontecer." Ela compartilhou sua história abertamente e recebeu centenas de mensagens de pessoas que passaram por situações parecidas. Algumas tiveram economias roubadas. Outras perderam negócios online. Todas tinham algo em comum: não imaginavam como era fácil ser invadido até ser tarde demais.

Sophia percebeu que cibersegurança não era apenas um tema tecnológico — era um tema humano. Tratava-se de pessoas, confiança e das consequências reais de estar desprotegido em um mundo digital.

Meses depois, o apartamento de Sophia parecia o mesmo — mas algo fundamental havia mudado. Ela não ignorava mais atualizações de software nem reutilizava senhas. Não via mais ameaças online como algo com que "outras pessoas" deveriam se preocupar. Aprendeu, da maneira difícil, que cibersegurança é responsabilidade de todos.

E agora, quando ajudava outras pessoas a construir sua presença online, começava com uma pergunta: "Como você está protegendo sua vida digital?"

Porque por trás de cada clique, cada e-mail e cada login, existe uma decisão — permanecer vulnerável ou permanecer atento.

Sophia escolheu a conscientização. E essa escolha fez toda a diferença.

Capítulo 2: Senhas, Frases-Senha e Proteção dos Seus Logins

As senhas são a forma mais antiga de segurança digital, mas continuam sendo um dos pontos mais fracos da cibersegurança pessoal. Todo aplicativo, e-mail, banco e conta em nuvem começa com um simples login — um nome de usuário e uma senha. Mas, se essa única linha de defesa for fraca, tudo o que está por trás dela fica exposto.

Muitas pessoas acreditam que cibercriminosos quebram senhas usando algoritmos avançados, mas a verdade costuma ser mais simples — os invasores exploram o comportamento humano. As pessoas tendem a reutilizar senhas, usar palavras fáceis de adivinhar (como "senha123") ou armazená-las de maneira insegura. É por isso que uma enorme porcentagem dos ataques começa com credenciais comprometidas. Na verdade, mais de 80% das violações de dados estão relacionadas a senhas fracas ou reutilizadas. Fortalecer seus hábitos de login é uma das maneiras mais fáceis e eficazes de se proteger online.

A Anatomia de uma Senha Forte vs. uma Frase-Senha Forte

Existe diferença entre uma senha e uma frase-senha. Uma senha geralmente é uma única palavra ou sequência de caracteres — como "Verão2024!" ou "Johnny!123". Já uma frase-senha é uma sequência mais longa, semelhante a uma frase, como "GirafasDançamÀMeiaNoite2025!" ou "EuAmoMeuCachorroRufus& CaféTodosOsDias". Frases-senha são mais difíceis de adivinhar, mais fáceis de lembrar e significativamente mais seguras.

Senhas ou frases-senha fortes devem seguir três princípios: comprimento, complexidade e exclusividade. O comprimento é essencial — quanto maior, melhor. Complexidade significa misturar letras maiúsculas e minúsculas, números e símbolos especiais. Exclusividade significa nunca reutilizar a mesma senha em várias contas. Uma frase-senha forte pode ser uma combinação de palavras sem relação, uma frase divertida ou algo que apenas você entenda. Evite nomes, datas de nascimento ou qualquer informação pessoal facilmente identificável.

Usar uma única senha mestre para tudo é como usar a mesma chave para sua casa, carro, caixa de correio e escritório – basta perdê-la uma vez para comprometer tudo.

O Perigo de Reutilizar Senhas em Diferentes Contas

É tentador reutilizar uma senha, especialmente em contas que parecem "sem importância". Mas hackers não fazem distinção. Eles geralmente começam pelas plataformas menos seguras – como aplicativos de entrega de comida ou fóruns antigos – e avançam até suas contas principais.

Essa estratégia é chamada de *credential stuffing* – os invasores pegam nomes de usuário e senhas vazados em violações de dados e os testam automaticamente em outros sites, esperando que você tenha reutilizado as mesmas credenciais. Se a senha de um aplicativo fitness vazou no ano passado e você usou a mesma no Gmail, pode acordar um dia com seu e-mail sequestrado, sua conta bancária acessada ou suas redes sociais apagadas.

Usar senhas únicas para cada conta é essencial, especialmente para e-mail, bancos, armazenamento em nuvem e plataformas de trabalho. Esses são alvos de alto valor que podem causar danos pessoais e financeiros graves se forem comprometidos.

Como Gerenciar Senhas Sem Enlouquecer

Com dezenas ou até centenas de contas, como alguém pode lembrar senhas únicas para cada uma? A resposta é: gerenciadores de senhas. Um gerenciador de senhas é um cofre digital seguro que armazena e gera senhas fortes e únicas para cada conta. Você só precisa lembrar de uma senha mestre para acessar o cofre.

Gerenciadores populares como 1Password, Bitwarden e LastPass criptografam seus dados e sincronizam entre dispositivos. Eles podem preencher logins automaticamente, sugerir senhas fortes e alertar sobre senhas fracas ou reutilizadas. Usar um gerenciador de senhas não apenas aumenta sua segurança, mas também simplifica sua vida digital.

Se você ainda não estiver pronto para usar um gerenciador completo, comece com uma abordagem híbrida: utilize um caderno guardado em local seguro em casa (nunca online) ou crie frases-senha baseadas em uma fórmula pessoal que só você entende. Apenas evite anotar senhas em post-its ou armazená-las em notas do navegador, e-mails ou arquivos não criptografados na nuvem.

Adicionando uma Segunda Trava: Autenticação de Dois Fatores (2FA)

Mesmo a senha mais forte pode ser comprometida. É por isso que a autenticação de dois fatores (2FA) é indispensável para qualquer conta importante. O 2FA adiciona uma etapa extra após inserir sua senha — normalmente um código temporário enviado por SMS, e-mail ou aplicativo autenticador como Google Authenticator ou Authy.

Pense no 2FA como uma segunda fechadura na porta digital da sua casa. Mesmo que um hacker roube sua senha, ainda precisará do código temporário gerado pelo segundo dispositivo. Isso reduz drasticamente a chance de acesso não autorizado.

Ative o 2FA em seu e-mail, aplicativos bancários, redes sociais, armazenamento em nuvem e qualquer serviço que ofereça essa opção. Evite usar 2FA por SMS sempre que possível, pois números de telefone podem ser sequestrados por ataques de troca de chip (*SIM swapping*). Aplicativos autenticadores ou chaves físicas de segurança, como YubiKey, oferecem mais proteção.

Treinando Sua Mente para Pensar Como um Especialista em Senhas

Cibersegurança não é apenas sobre ferramentas — é também uma questão de mentalidade. Comece a tratar suas credenciais como dinheiro. Você não deixaria notas espalhadas pelo apartamento ou escritório, mas muitas pessoas armazenam senhas em arquivos de texto sem criptografia ou aplicativos de notas. Treine-se para questionar cada tentativa de login: estou no site correto? Esta conexão é segura? Já reutilizei esta senha antes?

Dê pequenos passos diariamente. Faça uma auditoria de suas senhas atuais usando verificadores de segurança. Substitua logins vulneráveis por opções mais fortes. Defina lembretes no calendário para atualizar senhas importantes trimestralmente. Use 2FA sempre que possível. E, acima de tudo, pare de pensar: "isso nunca vai acontecer comigo".

Proteger seus logins é o hábito mais básico — e ao mesmo tempo mais crítico — da cibersegurança. Com apenas algumas melhorias na higiene das suas senhas, você estará muito mais seguro do que a média das pessoas e muito menos propenso a cair na próxima violação de dados ou golpe.

Senhas, Frases-Senha e Protegendo Seus Logins

Derrick sempre se considerou um "cara da tecnologia". Ele administrava seu próprio site de e-commerce, gerenciava contas online de fornecedores e armazenava tudo — de faturas a fotos de produtos — em pastas na nuvem. Ele não era especialista em cibersegurança, mas acreditava ser cuidadoso — ou pelo menos era o que pensava.

Certa noite, enquanto tomava chá verde e atualizava uma lista de produtos, foi bloqueado do próprio site. No início, achou que fosse um erro temporário. Talvez sua sessão tivesse expirado. Mas quando tentou entrar novamente, sua senha não funcionou. Clicou em "Esqueci minha senha" e aguardou o e-mail de redefinição. Nada chegou. Tentou outra vez. Ainda nada.

Abriu seu aplicativo de e-mail. Também estava bloqueado. O pânico começou a surgir lentamente. Pegou o celular e viu uma mensagem estranha: "Tomamos controle das suas contas. Se quiser acesso de volta, envie US$ 500 em Bitcoin." Seu maxilar travou. Em poucos minutos, alguém havia roubado sua identidade digital — e Derrick não fazia ideia de como.

Não demorou para o estrago aparecer. Os hackers usaram uma senha antiga de Derrick — criada anos antes e reutilizada em dezenas de sites. Quando uma violação de dados em uma ferramenta de marketing expôs credenciais de usuários, o login dele estava entre elas. Os invasores simplesmente testaram a mesma senha em outros serviços — e funcionou.

Ele sempre pretendia atualizar suas senhas — "depois". Sabia que não deveria reutilizar a mesma em várias plataformas, mas a conveniência parecia valer o risco — até aquele momento. "Por que alguém me atacaria?" pensava. Mas a verdade é que ele não foi especificamente alvo. Apenas era fácil demais.

Aquela única senha reutilizada deu aos hackers acesso ao seu PayPal, Gmail e Shopify. Eles alteraram e-mails de recuperação, redirecionaram pedidos de clientes e começaram a enviar phishing para sua lista de contatos. Derrick passou a noite ligando para o banco, bloqueando cartões e tentando recuperar as contas antes que os danos fossem irreversíveis.

Nos dias seguintes, Derrick mergulhou no universo da cibersegurança. Aprendeu sobre *credential stuffing*, em que bots testam senhas roubadas em milhares de sites em segundos. Descobriu que a maioria dos hackers não precisa "arrombar" sistemas — eles simplesmente entram por portas abertas.

Também descobriu como é fácil baixar credenciais vazadas de antigas violações, algumas com mais de dez anos. Muitas dessas senhas ainda funcionavam porque os usuários nunca as trocaram. Derrick encontrou até sua antiga senha publicada em um banco de dados de vazamentos. Seu estômago revirou.

Decidido a retomar o controle, apagou todas as senhas fracas e duplicadas e criou frases-senha longas e aleatórias para cada conta. Em vez de usar palavras curtas ou datas de aniversário, passou a usar frases como "Abacaxi$BateriaVoa1994!" ou "CaféLivros&JazzParaSempre". Eram longas, incomuns e fáceis de lembrar — mas praticamente impossíveis de adivinhar. Também ativou autenticação de dois fatores em todas as plataformas compatíveis.

Derrick descobriu ainda os gerenciadores de senhas. No começo, desconfiou — não seria perigoso colocar todas as senhas em um só lugar? Mas quanto mais pesquisava, mais percebia que gerenciadores criptografados eram muito mais seguros do que confiar apenas na memória ou em cadernos.

Escolheu um com criptografia de conhecimento zero e sincronização segura entre dispositivos.

Agora, Derrick só precisava lembrar de uma frase-senha mestre. O gerenciador criava e armazenava todas as demais. O que antes parecia complicado se tornou automático. Sempre que acessava um site, os campos de login eram preenchidos com credenciais fortes e únicas. Pela primeira vez, sentia-se realmente no controle.

Foi além. Revisou todas as contas para verificar se havia opção de 2FA e passou a usar um aplicativo autenticador em vez de SMS, pois aprendeu que mensagens podem ser comprometidas por ataques de troca de chip. Com apenas algumas horas de esforço, transformou um sistema vulnerável em uma verdadeira fortaleza.

Certa tarde, Derrick recebeu um novo cliente indicado por um amigo do setor de e-commerce. Durante a conversa inicial, o cliente comentou que havia perdido acesso à conta comercial do Instagram e deixado de faturar milhares em vendas.

Derrick ouviu atentamente, reconhecendo os sinais. Era exatamente o que havia acontecido com ele poucas semanas antes. Em vez de apenas demonstrar empatia, guiou o cliente na configuração de um gerenciador de senhas, criação de frases-senha fortes e ativação do 2FA. O cliente ficou impressionado com a simplicidade das soluções — e com o fato de tão poucas pessoas realmente aplicarem essas medidas.

O que começou como um desastre pessoal estava se transformando em um diferencial profissional. Derrick passou a oferecer check-ups de segurança digital para outros clientes. Criou modelos para criação de senhas fortes e treinamentos rápidos sobre proteção de contas. Seu erro do passado havia se tornado uma parte poderosa de sua marca — e de sua recuperação.

Ao olhar para trás, Derrick sabia que uma única senha reutilizada quase lhe custou tudo. Perdeu mais de US$ 1.200 em pedidos cancelados, precisou reembolsar clientes e passou duas semanas recuperando contas. Mas, de certa forma, aquele foi o melhor alerta que poderia ter recebido.

Hoje, Derrick se sente diferente ao fazer login. Nada de credenciais repetidas. Nada de alvos fáceis. Seu negócio está seguro, seus clientes protegidos e seus hábitos mais fortes. Ele sabe que cibersegurança não é apenas para corporações ou governos — ela começa com pequenas decisões pessoais.

E, para Derrick, tudo começou ao entender que uma senha forte não é apenas uma chave — é a fechadura que mantém todo o resto seguro.

Capítulo 3: Reconhecendo Golpes, Phishing e Ataques de Engenharia Social

As ameaças de cibersegurança muitas vezes não começam com firewalls quebrados ou malwares sofisticados. Elas começam com engano. Uma das ferramentas mais eficazes e perigosas no arsenal de um hacker não é o código, mas a manipulação. Engenharia social é a arte de enganar alguém para entregar informações sensíveis ou conceder acesso a sistemas — tudo isso sem que o invasor precise forçar entrada. Esses ataques exploram a natureza humana, não as máquinas. Eles dependem de urgência, medo, confiança e curiosidade para contornar suas defesas digitais. Na verdade, phishing e engenharia social são responsáveis pela maioria das invasões bem-sucedidas, provando que a mente humana — e não apenas o sistema — precisa ser protegida.

Phishing Explicado: A Isca e o Gancho do Mundo Digital

Phishing é a forma mais comum de engenharia social. Geralmente envolve e-mails, mensagens de texto ou notificações fraudulentas que parecem vir de uma fonte confiável, como seu banco, uma grande loja ou até alguém da sua lista de contatos. Essas mensagens normalmente exigem ação imediata: “Clique aqui para verificar sua conta”, “Sua senha foi comprometida — altere agora” ou “Detectamos atividade suspeita em seu cartão”. Elas podem direcionar você a um site idêntico ao do seu banco — mas falso. Assim que você digita suas credenciais, elas são enviadas diretamente ao invasor.

Esses golpes evoluem rapidamente. Hoje, mensagens de phishing podem incluir informações pessoais, logotipos de empresas e até conversas completas de e-mail. O objetivo é criar uma falsa sensação de legitimidade. Um clique ou resposta costuma ser suficiente para entregar o controle da sua identidade digital. Reconhecer os sinais de alerta — gramática ruim, links suspeitos, anexos inesperados e mensagens que pressionam você a agir rapidamente — é sua primeira linha de defesa.

Variantes do Phishing: Spear Phishing, Smishing e Vishing

Nem todos os ataques de phishing são amplos ou genéricos. Alguns são altamente direcionados e personalizados. Esse tipo é chamado de *spear phishing*, no qual o invasor pesquisa uma pessoa ou empresa específica e cria mensagens sob medida. Esses ataques são mais difíceis de detectar porque parecem relevantes e frequentemente fazem referência a projetos, pessoas ou departamentos reais. Por exemplo, uma mensagem pode parecer vir do RH pedindo atualização de dados bancários para depósito salarial. Um único erro, e seu salário pode acabar na conta de um hacker.

Outros formatos incluem *smishing* (phishing via SMS) e *vishing* (phishing por ligação telefônica). Um ataque de smishing pode fingir ser um aviso de entrega ou alerta de fraude bancária. Já um ataque de vishing pode se passar por suporte técnico ou órgãos fiscais. Esses métodos são perigosos porque pegam as pessoas desprevenidas — parecem reais e urgentes, e poucas vítimas param para verificar antes de agir.

Entender que o phishing acontece por e-mail, telefone, SMS e até redes sociais ajuda você a permanecer alerta em todas as frentes.

Táticas de Engenharia Social e Por Que Elas Funcionam

Ataques de engenharia social não se limitam a mensagens falsas. Eles são psicológicos. Os invasores exploram emoções como medo, entusiasmo, autoridade ou vontade de ajudar. Alguns fingem ser colegas que perderam acesso à conta. Outros se passam por clientes com urgência. Alguns até fingem ser você.

O aspecto mais perigoso da engenharia social é o quanto ela parece normal. Você pode receber uma ligação de alguém fingindo ser do setor de TI pedindo seus dados de login para "atualizar o sistema". Ou receber um e-mail supostamente enviado pelo CEO pedindo compra de cartões-presente para uma reunião com clientes. Esses golpes funcionam não porque as pessoas sejam ignorantes, mas porque a solicitação parece rotineira.

O que torna a engenharia social tão perigosa é sua flexibilidade — ela não depende de malware ou programação avançada. Depende apenas de você dizer sim, clicar rápido demais ou presumir autenticidade sem verificar.

Como Detectar e Reagir a Atividades Suspeitas

Defender-se contra phishing e engenharia social começa com ceticismo. Não presuma que todo e-mail, mensagem ou ligação seja legítimo — mesmo que pareça familiar. Sempre verifique cuidadosamente o endereço do remetente. Passe o mouse sobre links para visualizar o destino real. Se o domínio parecer estranho ou tiver pequenas alterações (como “paypa1.com” em vez de “paypal.com”), não clique. Em vez disso, digite o endereço do site diretamente no navegador.

Se algo parecer estranho, pare. Não aja sob pressão. Reserve alguns minutos para verificar. Ligue diretamente para o remetente usando um número conhecido. Relate mensagens suspeitas ao setor de TI, provedor de e-mail ou plataforma de segurança.

Sistemas modernos de e-mail filtram spam e phishing, mas nenhum filtro é perfeito. Permaneça atento, especialmente quando a mensagem envolver dinheiro, senhas ou solicitações urgentes. Se você cair em um golpe, aja rapidamente: altere suas senhas, avise seu banco e informe qualquer pessoa ou empresa afetada.

Construindo Seu Próprio “Firewall Humano”

Firewalls e antivírus protegem dispositivos — mas a defesa mais poderosa está entre suas orelhas. Você é a primeira e última linha de defesa. A melhor maneira de construir um "firewall humano" é por meio de conscientização e hábito. Pratique o ceticismo saudável, limite a quantidade de informações pessoais compartilhadas online e trate mensagens inesperadas com cautela.

Os cibercriminosos não precisam invadir sistemas se puderem convencê-lo a abrir a porta. Mas, quando você entende como essas táticas funcionam — e como identificá-las — o poder delas diminui. Lembre-se: todo golpe depende de você acreditar que ele é real. Quando você deixa de cair na isca, o invasor perde sua vantagem.

Este capítulo fornece a mentalidade necessária para questionar, verificar e permanecer um passo à frente. À medida que avançamos, você aprenderá como proteger dispositivos, navegadores e redes — porque proteger logins e reconhecer golpes é apenas o começo da cibersegurança inteligente.

A Mensagem Que Mudou Tudo

Janet era uma assistente executiva organizada em um escritório de advocacia em rápido crescimento em Austin. Ela tinha talento para administrar agendas, organizar reuniões e manter o chefe em dia. Sua caixa de entrada estava sempre cheia de mensagens de fornecedores, advogados e clientes — e ela se orgulhava de nunca perder o ritmo.

Numa sexta-feira de manhã, recebeu um e-mail marcado como Urgente. Parecia ser de David, sócio-gerente da empresa. Ou pelo menos era o que parecia.

O assunto dizia: "Preciso Destes Cartões-Presente Para Reunião com Cliente Hoje". A mensagem era curta e direta: "Janet, estarei no tribunal a manhã inteira e não posso sair. Você pode comprar 5 cartões-presente da Apple (US$ 200 cada) e me enviar os códigos antes das 11h? É importante para uma reunião de agradecimento com cliente. Reembolso depois. Obrigado — David."

Janet não pensou duas vezes. Estava acostumada a lidar com solicitações de última hora. Pegou a bolsa e foi até a loja mais próxima.

Às 10h30, já havia comprado US$ 1.000 em cartões-presente com o próprio cartão de crédito e enviado os códigos por e-mail para "David". Alguns minutos depois, recebeu outra mensagem: "Perfeito. Mais um favor — pode comprar mais cinco?"

Algo naquela segunda solicitação a fez hesitar. David era generoso, mas aquilo parecia exagerado. Ela olhou novamente o endereço de e-mail e percebeu algo estranho. Não era o e-mail corporativo do escritório. Era um endereço Gmail parecido com o nome dele — mas com uma letra trocada.

Seu estômago gelou. Ela abriu uma nova aba e enviou um e-mail diretamente para o endereço verdadeiro de David. A resposta veio em menos de cinco minutos: "Eu não enviei isso. Alguém está se passando por mim. Não envie mais nada."

O coração de Janet afundou. Ela acabara de cair em um golpe.

Ligou imediatamente para a administradora do cartão, mas o dano já estava feito. Os cartões haviam sido usados — esvaziados em minutos após o envio dos códigos. Os golpistas eram rápidos. Ela se sentiu mal.

De volta à mesa, reviveu mentalmente cada detalhe. O e-mail parecia autêntico. Usava o tom de David, sua assinatura e até o tipo de linguagem que ele usaria em uma situação urgente. Não havia erros gritantes de ortografia. A pressão, a urgência e a confiança pareciam reais.

Janet não era ingênua. Sabia que crimes digitais existiam. Mas nunca imaginou que ela própria pudesse ser o elo fraco. Ela não foi hackeada. Não foi descuidada. Apenas foi enganada.

Naquela noite, mal conseguiu dormir.

Na semana seguinte, o escritório contratou um consultor de cibersegurança para treinar a equipe. Janet sentou-se na primeira fila, ansiosa para aprender como poderia ter evitado aquilo.

O consultor explicou que esse tipo de golpe era chamado de *Business Email Compromise* (BEC), uma forma de engenharia social. Não dependia de invadir firewalls ou instalar malware. Dependia do comportamento humano — suposições, rotina e confiança excessiva.

Janet aprendeu sobre phishing, no qual e-mails falsos são enviados em massa para enganar vítimas. Também aprendeu sobre spear phishing, mais direcionado — exatamente como o ataque que sofreu. O invasor estudou a empresa, usou informações públicas e imitou padrões reais de comunicação.

Ela também conheceu o conceito de *spoofing*, quando endereços de e-mail parecem quase idênticos aos verdadeiros. O truque estava nos pequenos detalhes — uma letra faltando, um símbolo extra ou um domínio ligeiramente diferente.

O que mais impressionou Janet foi o quão normal o golpe parecia. Não despertou nenhum alerta porque não parecia suspeito. E é exatamente disso que a engenharia social se alimenta: confiança, urgência e falta de verificação.

O consultor ensinou a equipe a identificar tentativas de phishing. Sempre verificar o endereço completo do remetente. Nunca clicar em links suspeitos. Jamais enviar dinheiro ou cartões-presente sem confirmar por telefone ou pessoalmente. E tratar qualquer solicitação urgente envolvendo dinheiro ou credenciais com extrema cautela.

Janet sentiu vergonha por ter caído no golpe, mas também alívio por agora saber como evitar aquilo no futuro. Passou a compartilhar sua história com colegas, amigos e familiares para impedir que outros repetissem o mesmo erro.

Meses depois, Janet recebeu outro e-mail suspeito. Desta vez, parecia vir de um fornecedor dizendo que uma fatura estava em atraso e pedindo que ela clicasse em um link para confirmar detalhes. O tom parecia estranho. O link era encurtado. Algo não parecia certo.

Ela não clicou. Em vez disso, ligou para o fornecedor verdadeiro. “Não enviamos isso”, confirmaram.

Janet sorriu. Ela acabara de impedir um ataque antes mesmo de começar.

Desde então, passou a enxergar cibersegurança não como algo técnico, mas pessoal. Uma mentalidade. Um hábito. Uma habilidade que qualquer pessoa pode desenvolver. Ela não se via mais como vítima — mas como guardiã digital.

E sempre que abria um e-mail suspeito ou recebia uma solicitação estranha, lembrava-se: o golpe só funciona se você acreditar nele. Agora, ela estava preparada.

Capítulo 4: Protegendo Seus Dispositivos — Celulares, Computadores e Tablets

Muitas pessoas pensam em cibersegurança como algo abstrato — firewalls, antivírus, redes criptografadas — mas, na realidade, tudo começa com os dispositivos que você usa todos os dias. Seu celular, laptop e tablet são portas de entrada para seus e-mails, contas bancárias, fotos, arquivos profissionais e identidade digital. Se um cibercriminoso obtiver acesso ao seu dispositivo, provavelmente terá acesso a tudo. É por isso que a segurança dos dispositivos é a base de todos os esforços de cibersegurança. Esteja você trabalhando em casa, viajando ou apenas navegando na internet, proteger seus dispositivos pessoais é indispensável. Hackers nem sempre procuram vulnerabilidades na nuvem — muitas vezes procuram simplesmente o caminho mais fácil para entrar no seu celular ou computador.

Mantenha Seu Software e Sistema Operacional Atualizados

Uma das etapas mais negligenciadas — e ao mesmo tempo mais críticas — para proteger dispositivos é manter o sistema operacional e os aplicativos totalmente atualizados. Seja usando iOS, Android, Windows ou macOS, os desenvolvedores liberam regularmente correções para fechar brechas de segurança. Hackers adoram softwares desatualizados porque eles deixam portas abertas para invasões, muitas vezes explorando falhas já corrigidas em versões mais recentes. Quando você ignora notificações de atualização ou continua clicando em "lembrar depois", está deixando seu dispositivo exposto.

Crie o hábito de atualizar todos os seus dispositivos semanalmente. Ative atualizações automáticas sempre que possível, especialmente para sistema operacional, navegador e aplicativos principais, como e-mail e armazenamento em nuvem. Software atualizado não apenas melhora o desempenho — ele também corrige vulnerabilidades que cibercriminosos procuram ativamente.

Fortaleça Sua Tela de Bloqueio e Configurações de Login

Sua primeira linha de defesa é a tela de bloqueio. Ela é sua porta digital. Proteções fracas tornam fácil para qualquer pessoa — ladrão, colega de trabalho ou desconhecido — acessar seus dados em segundos. Sempre ative bloqueio de tela em todos os dispositivos e utilize o método mais forte disponível. Em celulares e tablets, evite PINs simples de quatro dígitos. Use códigos longos, impressão digital ou reconhecimento facial, quando disponível.

Para laptops e desktops, utilize uma senha forte ou frase-senha e ative criptografia completa de disco, como BitLocker no Windows ou FileVault no macOS. Essas configurações impedem que usuários não autorizados acessem seus arquivos caso o dispositivo seja perdido ou roubado. Configure também o bloqueio automático após alguns minutos de inatividade. Nunca deixe um dispositivo acessível sem supervisão — nem por alguns segundos — sem algum tipo de proteção.

Instale Softwares de Segurança e Ative Firewalls

Nenhum dispositivo deveria operar atualmente sem proteção adequada de antivírus e firewall. Embora sistemas modernos incluam proteções internas, elas nem sempre são suficientes. Utilize um programa antivírus confiável para detectar e bloquear malware, ransomware e spyware. Muitas opções respeitáveis também incluem monitoramento em tempo real, proteção de e-mail e alertas de navegação segura.

Igualmente importante é o firewall — um guardião digital que monitora tráfego de entrada e saída. Certifique-se de que ele esteja ativado nas configurações do sistema. Isso impede que dados não autorizados cheguem ao dispositivo e evita que programas maliciosos enviem informações para servidores hackers.

Dispositivos móveis também devem ter aplicativos antimalware, especialmente se você instala apps fora das lojas oficiais. Em Android, tenha cuidado extra com permissões e origem dos aplicativos. Nunca instale programas de fontes desconhecidas sem certeza absoluta da procedência.

Proteja Seu Wi-Fi e Evite Redes Públicas

Seu dispositivo é tão seguro quanto a rede à qual está conectado. Redes Wi-Fi domésticas devem ser protegidas por senha forte e criptografia WPA2 ou WPA3. Troque a senha padrão do roteador — aquela impressa na caixa — e crie uma nova senha segura. Renomeie sua rede (SSID) para algo genérico, evitando nomes que revelem sua identidade ou localização.

Quando estiver fora de casa, redes Wi-Fi públicas representam grande risco. Cafeterias, aeroportos e hotéis frequentemente oferecem redes desprotegidas que podem ser exploradas por criminosos usando ataques "man-in-the-middle". Se precisar usar Wi-Fi público, nunca acesse contas sensíveis como banco ou plataformas de trabalho sem proteção. A opção mais segura é usar uma VPN (Rede Virtual Privada), que criptografa sua conexão e oculta sua localização. VPNs são ferramentas essenciais para proteger conexões em dispositivos móveis e laptops.

Faça Backups Regulares e Prepare-se para Perda ou Roubo

Mesmo com todas as medidas de segurança, nenhum sistema é invencível. Dispositivos podem ser perdidos, roubados ou comprometidos. Por isso, é fundamental criar backups automáticos e frequentes dos seus dados. Use tanto backups locais (em HD externo) quanto backups em nuvem para garantir redundância. Serviços como iCloud, Google Drive, OneDrive e Dropbox oferecem armazenamento criptografado que salva automaticamente arquivos, fotos e documentos importantes.

Além disso, configure rastreamento remoto e funções de limpeza do dispositivo. Tanto dispositivos Apple quanto

Android permitem localizar aparelhos perdidos e apagar dados remotamente. Windows e macOS também oferecem opções para bloquear ou apagar dispositivos à distância. Essas ferramentas são sua última linha de defesa — se o aparelho cair nas mãos erradas, seus dados ainda estarão protegidos.

Em resumo, proteger seus dispositivos não significa viver paranoico — significa estar preparado. Pequenas mudanças inteligentes nas configurações e hábitos podem reduzir drasticamente seu risco. Seu celular e computador armazenam sua vida inteira. Proteja-os como protegeria sua carteira, sua casa ou sua identidade — porque, em muitos aspectos, eles representam tudo isso.

O Laptop Esquecido

Luis havia acabado de terminar um longo dia de trabalho em um café movimentado no aeroporto. Como designer gráfico freelancer, costumava trabalhar onde encontrasse uma tomada e um bom café. Naquele dia, atualizava uma apresentação para cliente enquanto esperava um voo atrasado para Miami.

Com pressa para chegar ao portão de embarque, guardou os fones, desconectou o celular e colocou a mochila no ombro. O que não percebeu — até estar sentado no assento 14A — foi que havia deixado algo para trás: seu laptop.

Ele se levantou rapidamente, coração acelerado. Mas já era tarde. As portas estavam fechadas. O avião começava a se afastar. Seu MacBook — contendo projetos de clientes, fotos pessoais, senhas salvas e sessões abertas — estava sobre a mesa do café, ao lado de uma xícara meio vazia.

Durante todo o voo, Luis entrou em desespero. Não havia configurado bloqueio automático. O laptop abria direto na área de trabalho. O navegador salvava logins. Senhas estavam anotadas em post-its digitais na tela inicial. Seu coração afundava ao perceber o quão vulnerável havia sido.

Assim que aterrissou, ligou para o setor de achados e perdidos do aeroporto. Nada. Ligou para o café. Sem resposta. Abriu o aplicativo “Buscar”, apenas para perceber que nunca havia ativado esse recurso naquele computador. Sua última esperança era acessar backup em nuvem — mas o último backup completo havia sido feito meses antes.

Luis olhou para o celular com a sensação de que alguém havia invadido sua casa. Só que, desta vez, era sua casa digital — e ele havia deixado a porta completamente aberta.

No dia seguinte, um cliente enviou e-mail perguntando por que alguém de um IP estrangeiro tentava acessar uma pasta compartilhada. Outro informou que sua conta estava bloqueada após várias tentativas de senha. O pânico virou culpa.

Luis ligou para uma amiga experiente em tecnologia chamada Brianna, que foi direta: "Você não protegeu seu dispositivo. Basicamente entregou as chaves de tudo o que possui."

Juntos, passaram horas alterando senhas, removendo acessos da nuvem, ativando autenticação de dois fatores e notificando clientes. Mas parte do dano já estava feita. Ele perdeu um cliente. Sua credibilidade foi afetada. E sua confiança em seus próprios hábitos desapareceu.

Determinado a nunca mais sentir aquela impotência, Luis recomeçou. Comprou um novo laptop e configurou tudo como uma fortaleza. Ativou criptografia completa de disco, criou uma frase-senha longa e programou bloqueio automático após cinco minutos de inatividade. Instalou antivírus e ativou firewall.

Configurou backups diários na nuvem e testou a restauração de arquivos para garantir que funcionavam. Também passou a usar gerenciador de senhas e eliminou todas as anotações espalhadas. A época da conveniência casual havia acabado. Agora era sobre controle.

Mas a maior mudança veio de sua mentalidade. Ele deixou de

ver configurações de segurança como opcionais ou irritantes. Passou a enxergá-las como essenciais — como usar cinto de segurança ou trancar a porta de casa.

Luis começou a compartilhar sua história em grupos de freelancers. Para sua surpresa, dezenas de pessoas admitiram que também não usavam bloqueio de tela ou backups. Algumas nunca tinham ouvido falar de criptografia de disco. Outras passaram por perdas semelhantes, mas nunca haviam contado.

Ele escreveu um artigo chamado "Perdi Meu Laptop — e Quase Meu Negócio", que viralizou entre comunidades de nômades digitais. Os leitores apreciaram sua honestidade e o checklist incluído no final: como proteger dispositivos, criar backups adequados e proteger arquivos de clientes.

Luis transformou o erro em missão. Começou até a oferecer avaliações de segurança digital como serviço adicional para clientes da área de design e tecnologia — não porque fosse especialista, mas porque viveu as consequências de ignorar o problema.

Meses depois, Luis estava novamente em um aeroporto, laptop aberto, finalizando um projeto com confiança. O computador estava bloqueado, criptografado e com backup ativo. O navegador não fazia login automático. A VPN estava ligada. Se algo acontecesse agora — perda ou tentativa de invasão — ele sabia que tinha várias camadas de proteção.

Ele sorriu. Não porque estivesse sem medo, mas porque estava preparado.

Luis aprendeu uma verdade difícil: cibersegurança não começa com ferramentas complicadas ou softwares caros. Começa com hábitos diários. Seu celular e laptop carregam sua vida inteira. Protegê-los não é apenas inteligente — é sobrevivência na era digital.

Capítulo 5: Navegação Segura na Internet e Proteção das Suas Atividades Online

Navegar na internet se tornou algo natural — quase como respirar no mundo digital. Mas toda vez que você fica online, entra em um espaço cheio de oportunidades incríveis e perigos ocultos. Hackers, anunciantes, golpistas e corretores de dados disputam constantemente suas informações, monitoram seu comportamento ou tentam enganá-lo para clicar em algo malicioso. A ideia de que "se eu não visitar sites perigosos, estarei seguro" está perigosamente ultrapassada. As ameaças digitais podem estar escondidas até em plataformas aparentemente confiáveis, anúncios, downloads e resultados de pesquisa. Por isso, desenvolver hábitos de navegação segura é essencial — não apenas para profissionais de tecnologia, mas para qualquer pessoa que use a internet diariamente.

Escolha Navegadores Seguros e Voltados para Privacidade

Seu navegador é sua principal janela para a internet, e alguns são mais seguros do que outros. Embora Google Chrome, Safari, Mozilla Firefox e Microsoft Edge sejam populares, eles diferem na forma como lidam com privacidade e segurança. Navegadores como Brave e Firefox oferecem proteção integrada contra rastreamento e recursos de privacidade mais robustos do que o Chrome, que está fortemente conectado ao ecossistema de coleta de dados do Google.

Independentemente do navegador escolhido, mantenha-o sempre atualizado. Novas versões corrigem vulnerabilidades conhecidas que cibercriminosos exploram com frequência. Evite usar navegadores desatualizados ou versões sem suporte. Além disso, desative ou remova plugins e extensões desnecessárias. Algumas extensões — mesmo disponíveis em lojas oficiais — podem conter códigos maliciosos que rastreiam sua atividade ou injetam scripts perigosos nos sites visitados.

Reconheça Sites Maliciosos e Links Perigosos

Uma das formas mais comuns de ataque digital é enganar usuários para acessar sites falsos ou perigosos. Esses sites podem parecer idênticos aos verdadeiros — como páginas do banco, e-mail ou lojas conhecidas — mas foram criados para roubar credenciais ou instalar malware.

Sempre verifique cuidadosamente o endereço do site antes de

inserir informações sensíveis. Um site seguro geralmente começa com "https://" e exibe um cadeado na barra de endereços. Ainda assim, esses indicadores não são garantia absoluta.

Evite clicar em pop-ups suspeitos, botões falsos de "Download" ou banners que prometem prêmios gratuitos. Utilize configurações ou extensões do navegador para bloquear pop-ups e impedir redirecionamentos perigosos. Se receber um link por e-mail ou mensagem, não clique automaticamente. Passe o mouse sobre o link para visualizar o destino real e, em caso de dúvida, digite o endereço manualmente.

Wi-Fi Público e a Importância das VPNs

Muitas pessoas acessam a internet em redes Wi-Fi públicas — cafeterias, aeroportos ou hotéis — sem perceber que colocam toda a sessão online em risco. Redes públicas são fáceis de explorar, permitindo que hackers interceptem tráfego, roubem logins ou instalem malware por meio de conexões inseguras.

A melhor forma de proteção é usar uma VPN (Rede Virtual Privada). Uma VPN criptografa o tráfego de internet e o encaminha por um servidor seguro, tornando os dados ilegíveis para qualquer pessoa conectada à mesma rede — inclusive invasores.

Seja fazendo compras online, acessando o banco ou apenas lendo notícias, usar VPN fora da sua rede doméstica é altamente recomendado. Escolha um serviço pago e confiável, já que muitas VPNs gratuitas comprometem a privacidade ao registrar atividades ou exibir anúncios invasivos.

Proteja Suas Contas com Bons Hábitos de Navegação

Além de evitar sites perigosos, seus hábitos no navegador têm enorme impacto na segurança. Evite permitir que o navegador memorize senhas, especialmente em dispositivos compartilhados ou públicos. Utilize um gerenciador de senhas.

Limpe cookies e cache regularmente para remover dados de sessão que podem ser explorados por rastreadores ou invasores. Sempre saia de contas sensíveis após o uso e feche abas que não estão mais sendo utilizadas.

Preste atenção também às permissões do navegador. Alguns sites pedem acesso à localização, câmera ou microfone sem necessidade real. Negue permissões que não sejam essenciais e revise periodicamente essas configurações no painel do navegador. Limite o que pode ser salvo automaticamente e evite sincronizar senhas entre dispositivos sem criptografia.

Desenvolva um Hábito Inteligente de Navegação Segura

Navegar com segurança não significa viver com medo — significa agir com inteligência. Configure mecanismos de busca voltados para privacidade, como DuckDuckGo. Desative preenchimento automático para cartões de crédito e dados pessoais. Use extensões que bloqueiam anúncios, rastreadores e scripts perigosos, como uBlock Origin e Privacy Badger.

Cada interação online é uma oportunidade para golpistas explorarem sua confiança ou distração. Ao desacelerar e prestar atenção no que você acessa e clica, reduz drasticamente sua exposição a ameaças. Faça da segurança parte da sua rotina: mantenha softwares atualizados, use VPN em locais públicos, verifique URLs e trate seu navegador como um passaporte digital — valioso, privado e digno de proteção.

A internet não vai desaparecer — e os riscos também não. Mas, com hábitos mais seguros, ferramentas inteligentes e uma mentalidade proativa, você pode navegar com confiança, privacidade e tranquilidade.

O Anúncio Que Não Era Real

Naomi estava no horário de almoço, navegando em seu blog favorito de moda quando viu um banner chamativo: “OFERTA POR TEMPO LIMITADO – Bolsas de Grife por Apenas US$ 49!”. O anúncio parecia profissional, exibia o logotipo de uma marca famosa e incluía uma contagem regressiva incentivando ação imediata.

Curiosa e animada, ela clicou.

O link a levou para um site quase idêntico ao oficial – mesmas fontes, mesmas cores e até avaliações de clientes. Depois de alguns minutos navegando, encontrou uma bolsa que adorou e inseriu os dados do cartão de crédito para aproveitar a oferta antes do término.

Mais tarde naquela noite, algo parecia estranho. Ela não havia recebido confirmação de compra. Quando tentou acessar o site novamente, ele havia desaparecido. Seu coração afundou.

Na manhã seguinte, o banco ligou informando atividade suspeita no cartão – alguém havia tentado realizar compras internacionais. Naomi cancelou o cartão imediatamente, mas o dano já estava feito. O site fraudulento não era apenas golpe — era uma página de phishing criada para capturar dados financeiros e desaparecer sem deixar rastros.

Envergonhada e frustrada, Naomi começou a pesquisar termos aos quais nunca dera atenção: phishing, sites falsificados, anúncios fraudulentos. Descobriu que milhares de sites falsos surgem todos os dias, usando marcas conhecidas e avaliações falsas para enganar usuários. Eles não precisam invadir seu sistema — apenas convencer você a confiar.

A ironia foi dolorosa: ela sempre se considerou cuidadosa. Mas a urgência e a aparência legítima do anúncio superaram seus instintos.

Naomi ligou para o irmão Alex, analista de cibersegurança. Ele não ficou surpreso.

"Isso se chama *malvertising*", explicou. "Anúncios maliciosos conseguem passar por filtros, especialmente em sites de terceiros. Um clique basta."

Ele perguntou qual navegador ela usava.

"Chrome", respondeu. "Mas acho que não está atualizado."

Alex suspirou e começou uma auditoria básica de segurança online.

Juntos, ajustaram configurações do navegador. Instalaram uma extensão para bloquear pop-ups e scripts maliciosos. Adicionaram um mecanismo de busca focado em privacidade. Ele ensinou Naomi a digitar endereços manualmente em vez de clicar em anúncios e a verificar segurança por HTTPS e domínio correto.

"Você não fez nada estúpido", tranquilizou. "Só não conhecia as regras. A maioria das pessoas também não."

Naomi passou a levar segurança online a sério. Começou a observar pequenos detalhes: URLs estranhas, redirecionamentos rápidos demais e ofertas boas demais para ser verdade. Parou de clicar em anúncios aleatórios e passou a salvar os sites oficiais favoritos.

Também instalou VPN para navegar em cafés e aeroportos, entendendo que Wi-Fi público pode ser um playground para espionagem digital. Criou perfis separados no navegador — um para trabalho, outro para uso pessoal. Limpava cookies semanalmente, desativou preenchimento automático e deixou de salvar cartões de crédito no navegador.

Quanto mais aprendia, mais confiante se tornava — e mais surpresa ficava ao perceber quantos hábitos arriscados antes pareciam normais.

Certo dia, um colega perguntou:

“Naomi, você entende dessas coisas online, né?”

Ele explicou que sua conta do Instagram havia sido bloqueada após clicar em um link prometendo tênis gratuitos.

Naomi reconheceu imediatamente.

“Isso provavelmente é phishing”, disse. “Troque sua senha agora e ative autenticação de dois fatores.”

Ela o ajudou passo a passo. Ao final, ele agradeceu.

“Eu realmente achava que isso só acontecia com pessoas mais velhas ou que não entendem de tecnologia.”

Naomi sorriu.

“Acontece com todo mundo. A diferença é se você aprende com isso ou não.”

Semanas depois, Naomi procurava um presente de aniversário online quando viu outro anúncio chamativo de eletrônicos. Algo parecia errado. O preço estava baixo demais. O domínio parecia estranho. Ela passou o mouse sobre o link... e parou.

Fechou a aba e pesquisou o item diretamente em um varejista confiável.

Pareceu uma pequena vitória — não apenas evitar um golpe, mas identificá-lo antes mesmo que começasse.

Desde aquele dia, Naomi nunca mais navegou da mesma forma. Entendeu que a internet não é automaticamente segura — e que segurança não significa apenas proteger dispositivos, mas também proteger decisões.

Cada clique é uma escolha.

E agora, ela escolhia com sabedoria.

Capítulo 6: Protegendo Seus Dados Pessoais e Sua Privacidade Online

Toda vez que você navega na internet, publica algo nas redes sociais, faz compras online ou usa um aplicativo, está compartilhando dados — às vezes de forma voluntária, e muitas vezes sem perceber. Seu nome, endereço de e-mail, número de telefone, localização, tipo de dispositivo e hábitos de navegação são constantemente rastreados e registrados por sites, plataformas, anunciantes e, em alguns casos, agentes maliciosos. Essa coleta de informações é conhecida como sua pegada digital, e ela acompanha você por toda a internet.

O que parece comportamento inofensivo — curtir uma publicação, usar o aplicativo de uma loja ou se cadastrar em um teste gratuito — gradualmente cria um perfil extremamente detalhado sobre você. Compreender isso é o primeiro passo para recuperar o controle da sua privacidade online.

Limite os Dados Que Você Compartilha

Uma das formas mais simples de proteger seus dados é compartilhar menos informações. Isso significa pensar duas vezes antes de preencher formulários online, assinar newsletters ou permitir que aplicativos acessem seus contatos, câmera ou localização. Sempre pergunte a si mesmo: “Eles realmente precisam dessa informação?”

Muitos sites e serviços solicitam muito mais dados do que realmente necessitam.

Comece reduzindo as informações pessoais publicadas nas redes sociais. Evite compartilhar data de nascimento completa, endereço residencial ou planos de viagem em tempo real. Não revele demais em quizzes divertidos ou pesquisas virais – muitos deles funcionam como ferramentas disfarçadas para coletar respostas usadas em perguntas de segurança ou segmentação de golpes.

Ao criar contas, use iniciais ou pseudônimos quando possível e utilize e-mails alternativos para cadastros menos importantes.

Gerencie Permissões de Aplicativos e Configurações de Privacidade

Seus dispositivos estão cheios de aplicativos que constantemente pedem acesso a informações pessoais. No celular, acesse as configurações e veja quais aplicativos têm acesso ao microfone, câmera, GPS, contatos e armazenamento.

Desative permissões que não sejam absolutamente necessárias para o funcionamento do aplicativo. Um app de lanterna não precisa da sua localização. Uma calculadora não precisa acessar seus contatos.

Em dispositivos com Android e iOS, você pode permitir acesso à localização apenas enquanto o aplicativo estiver em uso — ou nunca permitir. Aproveite esse recurso.

Também desative rastreamento de anúncios sempre que possível. Isso reduz significativamente a quantidade de dados coletados em segundo plano.

Use Ferramentas e Navegadores Focados em Privacidade

As ferramentas que você usa fazem diferença. Navegadores orientados à privacidade, como Brave, Mozilla Firefox e Tor Browser ajudam a reduzir rastreamento durante a navegação. Eles bloqueiam automaticamente cookies, scripts e anúncios invasivos.

Configure mecanismos de busca como DuckDuckGo ou Startpage, que não armazenam suas pesquisas nem monitoram comportamento.

Instale extensões focadas em privacidade, como:

- uBlock Origin — bloqueia anúncios
- Privacy Badger — detecta rastreadores invisíveis
- HTTPS Everywhere — força conexões seguras

Você também pode usar mascaramento de e-mail, como:

- Firefox Relay
- "Hide My Email" da Apple
- SimpleLogin

Esses serviços criam e-mails alternativos que encaminham mensagens para sua caixa principal sem expor seu endereço verdadeiro.

Entenda o Que Corretores de Dados Sabem Sobre Você

Corretores de dados são empresas que compram, agregam e vendem informações pessoais — incluindo idade, endereço, renda, hábitos de compra e até opiniões políticas.

Eles coletam dados por meio de registros públicos, pesquisas, compras online, redes sociais e aplicativos.

Essas informações podem ser vendidas para anunciantes, seguradoras, empregadores e, em alguns casos, golpistas.

Você pode solicitar remoção de muitos desses bancos de dados, embora o processo possa ser cansativo. Serviços como DeleteMe, Incogni e Privacy Bee ajudam a automatizar esse processo.

Quanto mais dados seus estiverem espalhados, maior será seu risco. Vazamentos acontecem constantemente. Reduzir exposição significa reduzir vulnerabilidade.

Desenvolva um Hábito de Privacidade a Longo Prazo

Privacidade não é algo que você configura uma vez e esquece. É uma mentalidade contínua.

Crie o hábito de revisar configurações de privacidade das redes sociais regularmente. Faça auditoria das permissões dos aplicativos. Exclua contas antigas que não usa mais pesquisando termos como “bem-vindo” ou “conta criada” no e-mail.

Use gerenciador de senhas para criar credenciais fortes e ative autenticação de dois fatores em serviços importantes.

Privacidade é uma forma de autodefesa digital. Ela dá controle sobre o que outros sabem, veem e fazem com suas informações.

Embora seja quase impossível apagar completamente sua pegada digital, você pode reduzir drasticamente seu tamanho, visibilidade e valor para criminosos.

Em uma era em que empresas lucram com dados pessoais, escolher privacidade é um ato de empoderamento. Você não precisa desaparecer da internet — apenas aprender a navegar nela com atenção, configurações seguras e vida pessoal protegida.

Rastreada, Marcada e Exposta Demais

Lena era professora, artista e amante de viagens de fim de semana. Adorava compartilhar sua vida nas redes sociais — especialmente escapadas espontâneas. Seu Instagram parecia um diário visual de pores do sol, cafés gelados, selfies em museus e poemas escritos à mão.

Ela tinha pouco mais de 8 mil seguidores — muitos desconhecidos — mas nunca pensou muito nisso.

"Não sou famosa", dizia rindo. "Quem iria querer minhas informações?"

Em um sábado, publicou stories de um hotel boutique a duas horas da cidade. Marcou localização, mostrou sem querer o número do quarto em uma foto refletida no espelho e deixou ativo um aviso automático de "fora do escritório".

Na noite de domingo, voltou para casa e encontrou a porta do apartamento entreaberta.

Congelou.

Dentro, gavetas estavam abertas. Seu laptop havia desaparecido. Joias também.

A polícia confirmou: foi um roubo direcionado.

O mais assustador? Não havia sinais de arrombamento. Quem fez aquilo sabia que ela não estava em casa — e sabia onde encontrá-la.

Naquela noite, Lena não dormiu.

Ao revisar o próprio perfil, percebeu que havia entregue o mapa completo.

As publicações mostravam que estava viajando. Seu perfil indicava cidade e bairro. A selfie refletia o cartão-chave do hotel. A resposta automática do e-mail confirmava ausência até segunda-feira.

Ela começou a pensar em todos os formulários preenchidos, quizzes feitos e fotos geolocalizadas.

Parecia que sua vida inteira estava disponível para qualquer pessoa observar — ou explorar.

Na manhã seguinte, tornou a conta privada, removeu detalhes da biografia e apagou conteúdos.

Mas o dano já havia acontecido.

Seu amigo Malik, blogueiro de cibersegurança, ligou imediatamente.

"Isso não é apenas segurança física", disse. "Sua pegada digital está enorme."

Ele fez uma pesquisa reversa usando o e-mail dela.

Dezenas de contas antigas apareceram: aplicativos fitness, sites de cupons, newsletters.

Muitas ainda exibiam nome completo e endereço.

Depois pesquisaram seu nome em sites de corretores de dados.

Em minutos encontraram endereço, idade, estimativa salarial e lista de parentes.

Lena sentiu-se invadida.

"Como tudo isso está disponível?"

"Isso sempre esteve disponível", respondeu Malik. "Agora você sabe onde procurar — e como corrigir."

Nos dias seguintes, Lena excluiu contas antigas, cancelou assinaturas e revisou configurações de privacidade.

Passou a usar mascaramento de e-mail com Firefox Relay e o recurso Hide My Email da Apple.

Também limpou o celular — apagando mais de 40 aplicativos não utilizados.

Ficou surpresa ao descobrir quantos ainda acessavam microfone e localização em segundo plano.

Mudou permissões, desativou rastreamento de anúncios e ativou autenticação de dois fatores.

Instalou VPN, adicionou bloqueadores de rastreamento e percebeu algo curioso: sua navegação ficou mais silenciosa.

Menos anúncios personalizados. Menos rastreamento. Menos invasão.

O medo começou a se transformar em empoderamento.

Lena passou a ensinar alunos sobre privacidade online — não por paranoia, mas por proteção.

Escreveu um artigo chamado "Eu Me Rastreei na Internet — e Você Também Deveria", que repercutiu fortemente.

As pessoas descobriram que compartilhavam muito mais do que imaginavam.

Meses depois, Lena ainda compartilhava pores do sol e poemas — mas sem localização, horários ou pistas em tempo real.

Suas contas eram privadas. Seu navegador estava protegido. Seu celular só concedia permissões quando realmente necessário.

Ela não desapareceu da internet.

Apenas se tornou mais inteligente sobre como aparecia nela.

E toda vez que pensava em publicar algo pessoal, fazia uma pergunta simples:

"Eu entregaria essa informação para um estranho em um estacionamento?"

Se a resposta fosse não, ela não publicava.

Essa passou a ser sua nova regra — e mudou tudo.

Capítulo 7: Protegendo Seu E-mail, Mensagens e Contas de Redes Sociais

Seu e-mail, aplicativos de mensagens e contas de redes sociais são muito mais do que ferramentas de comunicação — são ativos digitais de alto valor. Essas plataformas armazenam conversas, arquivos privados, contatos, histórico e dados pessoais. Mais importante ainda: elas servem como portas de entrada para outros serviços.

Se alguém obtiver acesso ao seu e-mail, por exemplo, poderá redefinir senhas, contornar perguntas de segurança e assumir sua identidade em diversas plataformas. É por isso que essas contas são frequentemente alvo de hackers. Protegê-las não significa apenas proteger mensagens — significa proteger toda a sua vida digital.

E-mail: A Chave Mestra Digital

Comece protegendo sua conta de e-mail, especialmente se ela for usada para bancos, compras online ou serviços em nuvem. Use uma frase-senha forte e exclusiva para o login do e-mail e nunca reutilize essa senha em outros serviços.

Ative imediatamente autenticação de dois fatores (2FA), preferencialmente usando aplicativos autenticadores como Google Authenticator ou Authy, em vez de SMS, que pode ser comprometido por ataques de troca de chip (*SIM swapping*).

Verifique regularmente as configurações de segurança e histórico de login para detectar acessos não autorizados. Configure alertas de encaminhamento automático de e-mail — invasores às vezes criam regras ocultas para receber cópias das mensagens.

Evite também vincular métodos de recuperação a contas antigas ou inseguras. Seu método de recuperação deve ser tão protegido quanto o próprio e-mail.

Proteja Seus Aplicativos de Mensagens

Aplicativos modernos oferecem criptografia ponta a ponta, mas o acesso à conta ainda pode ser vulnerável.

Aplicativos como WhatsApp e Signal dependem do número de telefone. Se alguém clonar seu chip ou acessar backup comprometido, poderá ler mensagens ou se passar por você.

Ative todas as opções de segurança disponíveis:

- No WhatsApp, habilite verificação em duas etapas.
- No Signal e no Telegram, ative bloqueio de registro e proteção de tela.
- No iMessage, certifique-se de que o iCloud esteja protegido por autenticação de dois fatores.

Para conversas sensíveis, considere aplicativos como Session, que não exigem número de telefone e minimizam metadados.

Redes Sociais: Limite, Tranque e Monitore

Contas de redes sociais são alvos frequentes de falsificação, roubo de identidade, assédio e coleta massiva de dados.

Revise cuidadosamente as configurações de privacidade. Configure quem pode:

- Ver suas publicações
- Enviar mensagens
- Marcar você
- Ver lista de amigos

Evite colocar data de nascimento completa, cidade natal ou outras informações identificáveis na biografia.

Ative 2FA em todas as plataformas possíveis e configure alertas de login suspeito. Plataformas como Facebook, Instagram, X, LinkedIn e TikTok oferecem painéis de segurança que mostram onde sua conta está conectada.

Tenha cuidado com aplicativos de terceiros conectados às redes sociais. Muitos solicitam permissões excessivas e podem se tornar vulnerabilidades.

Remova acesso de serviços antigos e nunca clique em links suspeitos enviados por mensagem direta.

Estratégias de Backup e Recuperação

Mesmo contas protegidas não são invulneráveis. Por isso, estratégias de recuperação são fundamentais.

Atualize regularmente e-mails e números de recuperação. Guarde códigos de backup fornecidos durante configuração do 2FA em local seguro ou gerenciador de senhas.

Para aplicativos de mensagens, exporte conversas importantes regularmente — e proteja backups na nuvem com criptografia.

Em redes sociais, baixe periodicamente uma cópia dos seus dados. Isso pode ajudar na recuperação caso você perca acesso.

Algumas plataformas permitem adicionar contatos confiáveis para ajudar na recuperação de conta.

Desenvolva Hábitos Inteligentes de Comunicação

Ferramentas ajudam — mas hábitos são igualmente importantes.

Nunca clique em links ou anexos inesperados, mesmo vindos de conhecidos. A conta deles pode ter sido invadida.

Evite usar aplicativos de mensagens como armazenamento de arquivos sensíveis. Não envie documentos confidenciais ou senhas por chats inseguros.

Evite compartilhar publicamente:

- Planos de viagem
- Informações familiares detalhadas
- Processos internos do trabalho
- Dados pessoais excessivos

Mantenha aplicativos sempre atualizados. Muitas correções de segurança chegam por meio de atualizações.

Use gerenciador de senhas para criar senhas exclusivas para cada plataforma.

No fim das contas, suas plataformas de comunicação representam sua voz digital. Se alguém obtiver acesso, poderá manipular sua identidade, suas mensagens e seus relacionamentos.

Proteger essas plataformas não é apenas questão de privacidade — é preservar confiança em cada mensagem, publicação e conversa.

A Mensagem Que Não Era Minha

Travis era treinador escolar, podcaster nas horas vagas e administrador informal das redes sociais do departamento esportivo da escola. Estava sempre online — respondendo e-mails, enviando mensagens para pais de alunos e publicando destaques dos jogos no Instagram.

Em uma manhã de sábado, percebeu algo estranho: dezenas de e-mails retornando como erro. Muitos vinham de endereços desconhecidos.

Confuso, atualizou a caixa de entrada.

Então o celular vibrou.

Um colega perguntou:

"Você realmente quis me enviar esse link estranho no Messenger?"

Ele não havia enviado nada.

Ao abrir o Messenger, encontrou mensagens que não escreveu — enviadas para amigos e até conhecidos distantes.

As mensagens diziam:

"Veja esse vídeo seu" seguido de um link suspeito.

Seu estômago afundou.

Suas contas haviam sido comprometidas.

E ele não sabia até onde aquilo havia ido.

Passou horas trocando senhas. Mas era tarde.

Sua conta do Facebook já havia sido marcada como spam. Publicações do Instagram desapareceram. E o e-mail principal havia sido usado para tentar redefinir acesso bancário.

"Eu achava que estava seguro", murmurou.

Mas nunca havia ativado 2FA. Sua senha de e-mail — usada em várias plataformas — apareceu em um vazamento antigo relacionado a um aplicativo de nutrição.

Quando os invasores conseguiram acesso ao e-mail, passaram a redefinir senhas, acessar redes sociais e enviar mensagens fingindo ser ele.

Sua reputação estava em risco.

Ligou para o amigo Daryl, consultor de cibersegurança.

"Isso acontece mais do que você imagina", explicou Daryl. "Você não foi apenas hackeado — foi personificado."

Eles começaram a agir.

Primeiro protegeram o e-mail com nova frase-senha e autenticação via aplicativo.

Depois revisaram logins desconhecidos e removeram regras ocultas de encaminhamento.

Em seguida, recuperaram contas do Facebook e Instagram.

Daryl também analisou aplicativos conectados — removendo permissões antigas de quizzes e serviços esquecidos.

Depois revisaram aplicativos de mensagens como WhatsApp, Signal e Telegram.

Ativaram bloqueios extras e fizeram backups seguros.

Travis ficou surpreso ao descobrir como era fácil sequestrar aplicativos usando apenas e-mail comprometido.

Também instalaram gerenciador de senhas.

Pela primeira vez, Travis criou senhas únicas para tudo.

A etapa final foi conscientização.

Daryl mostrou exemplos de phishing, páginas falsas de login e links suspeitos.

Travis percebeu que tudo começou com um clique.

Ele havia aberto um falso e-mail de login do Facebook após uma noite cansativa.

Parecia legítimo.

Para os hackers, ele parecia fácil.

Semanas depois, Travis reconstruiu sua presença online.

Publicou uma mensagem explicando o ocorrido — não como desculpa, mas como alerta.

Muitos seguidores agradeceram.

Alguns admitiram ter recebido o mesmo golpe e mudaram senhas a tempo.

Ele também organizou workshops para alunos e colegas, ensinando segurança de contas.

Muitos nunca tinham ouvido falar em autenticação de dois fatores.

"Você não está protegendo apenas contas", dizia. "Está protegendo seu nome. Sua identidade. Sua confiança."

Travis deixou de sentir vergonha.

Agora se sentia preparado.

Hoje, sempre que acessa e-mail, Instagram ou envia mensagens, sabe que sua porta digital está bem trancada.

Ele revisa atividades de login mensalmente. Remove aplicativos antigos. Evita compartilhar informações privadas em múltiplas plataformas.

E sempre que recebe um link suspeito — mesmo vindo de alguém conhecido — ele para.

Porque sabe como é perder sua voz digital.

E porque, da próxima vez que alguém tentar se passar por ele, encontrará uma parede — não uma janela aberta.

Capítulo 8: Protegendo Seus Filhos e Sua Família Online

As ameaças digitais não afetam apenas adultos — elas impactam toda a família. As crianças de hoje nascem em um mundo conectado, onde telas, aplicativos e jogos são tão comuns quanto lápis de cor e bicicletas. Mas, junto com essa conectividade, vem a exposição: predadores online, golpes, conteúdo inadequado, algoritmos viciantes e aplicativos invasivos de privacidade. Como pai, mãe ou responsável, é sua responsabilidade criar um ambiente digital seguro — um espaço que permita à família usar tecnologia com confiança e cautela. A cibersegurança deixou de ser opcional na criação dos filhos. Tornou-se uma habilidade essencial para educar crianças seguras e digitalmente responsáveis.

Proteja Sua Rede Doméstica e os Dispositivos

Comece pelo básico: proteja sua rede Wi-Fi doméstica. Troque a senha padrão do roteador e crie uma frase-senha forte e personalizada. Utilize criptografia WPA3 ou WPA2 e considere ocultar o SSID da rede se morar em uma área com muitos vizinhos próximos. Você também pode criar uma rede separada para visitantes, impedindo que eles acessem dispositivos e arquivos da família.

Ative controles parentais em todos os dispositivos da casa. A maioria dos celulares, tablets e computadores possui ferramentas integradas que permitem restringir conteúdo, limitar tempo de tela, bloquear downloads e monitorar uso de aplicativos. Ative pesquisa segura nos navegadores e no YouTube. Instale softwares de segurança em todos os dispositivos familiares — incluindo smartphones e tablets — para proteção contra phishing, malware e conteúdo impróprio.

Ensine às Crianças os Fundamentos da Segurança Online

Mesmo com filtros e controles, a educação continua sendo a defesa mais poderosa. Converse com seus filhos sobre a importância de não compartilhar informações pessoais online — nada de nome completo, endereço, aniversário ou nome da escola.

Explique a diferença entre compartilhar algo publicamente e manter algo privado. Ensine-os a pedir permissão antes de publicar fotos ou vídeos de outras pessoas.

Faça-os entender que estranhos online continuam sendo estranhos, mesmo que pareçam amigáveis. Simule situações para ajudá-los a reconhecer manipulação ou perguntas inadequadas. Ensine como identificar golpes e explique que nunca devem clicar em links suspeitos — mesmo enviados por alguém conhecido.

Crie uma regra familiar: se algo online fizer a criança se sentir desconfortável ou insegura, ela deve contar imediatamente a um adulto de confiança.

Gerencie Aplicativos, Jogos e Redes Sociais

Aplicativos e jogos podem parecer inofensivos, mas muitos incluem compras internas, rastreamento de localização e coleta de dados. Sempre revise permissões antes de permitir instalação.

Desative acesso a câmera, microfone e localização quando não forem necessários.

Use filtros de classificação etária do dispositivo para garantir que o conteúdo seja apropriado.

Adie o acesso às redes sociais o máximo possível. Muitas plataformas exigem idade mínima de 13 anos, mas cabe aos pais decidir quando a criança está preparada.

Se permitir acesso, ajude a configurar o perfil. Torne a conta privada, desative marcação de localização e revise solicitações de amizade junto com a criança.

Incentive pausas frequentes das redes sociais para evitar fadiga mental, cyberbullying e comportamentos compulsivos.

Monitore, Oriente e Defina Limites

Monitorar atividades online não significa invadir privacidade — significa proteger segurança.

Use painéis de controle parental para acompanhar atividades, mas combine isso com conversas regulares.

Crie zonas livres de telas, como quartos ou mesa de jantar, e estabeleça limites diários de uso.

Incentive leitura, brincadeiras ao ar livre e interações presenciais.

Dê exemplo. Se você passa muito tempo no celular ou compartilha demais nas redes sociais, as crianças tendem a imitar.

Mostre hábitos digitais saudáveis. Crie acordos familiares de tecnologia, como:

- Nada de dispositivos após determinado horário
- Revisão semanal de senhas
- Nenhum aplicativo novo sem autorização

Construa uma Cultura de Confiança Digital

O objetivo não é afastar crianças da internet — é ensiná-las a navegar com sabedoria.

Crie uma cultura familiar onde o uso de tecnologia seja aberto, não secreto.

Deixe claro que elas podem falar sobre qualquer experiência online sem medo de punição.

Valorize atitudes responsáveis e celebre decisões inteligentes.

Inclua familiares próximos nesse cuidado. Oriente avós e parentes a não publicar fotos das crianças sem consentimento.

Limite também o compartilhamento excessivo por meio de jogos online, alto-falantes inteligentes e redes sociais.

Cibersegurança é um valor familiar — algo que deve ser transmitido como respeito, limites e responsabilidade.

Quando crianças crescem sabendo proteger identidade, reconhecer perigos digitais e se comunicar com cautela, tornam-se mais seguras online — e mais preparadas para a vida.

O Aplicativo Secreto

Quando Karen encontrou um novo aplicativo chamado "VaultPic" no tablet de sua filha Mia, de 11 anos, pensou que fosse apenas mais um editor de fotos. Mas algo parecia estranho. O ícone parecia uma calculadora.

Curiosa, tocou no aplicativo e encontrou uma tela pedindo senha numérica.

Após pesquisar, descobriu que não era um app de fotos — era um aplicativo oculto usado para esconder vídeos, imagens e histórico de navegação dos pais.

Seu coração afundou.

Karen acreditava ter uma relação aberta com Mia. Mas aquele aplicativo sugeria que sua filha estava escondendo algo — talvez algo que ainda não se sentisse pronta para conversar.

Ela sabia que precisava abordar o assunto com calma.

Naquela noite, sentou-se com Mia.

“Percebi um aplicativo novo no tablet”, disse gentilmente. “Pesquisei sobre ele. Podemos conversar?”

Mia ficou vermelha e desviou o olhar.

“É só para fotos”, respondeu baixinho.

Karen respirou fundo.

“Não estou brava. Só quero entender. O que fez você querer esconder essas fotos?”

Após alguns minutos de silêncio, Mia contou a verdade.

Um grupo de meninas da escola compartilhava vídeos de maquiagem e “body checks” — vídeos mostrando o corpo para comparação. Elas avaliavam umas às outras em um grupo privado.

O aplicativo servia para esconder isso dos pais.

Karen sentiu um aperto no peito.

Não porque Mia havia quebrado regras — mas porque aquele mundo digital, cheio de pressão silenciosa, havia chegado rápido demais.

Na manhã seguinte, Karen decidiu agir.

Atualizou a senha do Wi-Fi, criou rede separada para convidados e ativou limites de tela.

Configurou filtros parentais em aplicativos, loja de apps, YouTube e navegador.

Depois revisou cada aplicativo do tablet e celular de Mia — removendo apps suspeitos, bloqueando compras internas e desligando localização.

Juntas, instalaram um navegador seguro para crianças.

Mas Karen foi além.

Começou conversas frequentes sobre privacidade, identidade digital, pressão social e conteúdo disfarçado de "tendência".

Mia não resistiu. Na verdade, pareceu aliviada.

Karen também conversou com outros pais da escola.

Muitos desconheciam aplicativos ocultos, plataformas anônimas e chats escondidos dentro de jogos.

Ela organizou um pequeno encontro sobre segurança digital.

Criaram um checklist simples:

- Proteger Wi-Fi doméstico
- Atualizar controles parentais
- Desativar localização automática
- Monitorar aplicativos
- Conversar regularmente com os filhos

Não se tratava de controlar tudo — mas de construir consciência.

Karen também deu responsabilidade a Mia.

"Você está crescendo online", disse. "Vamos aprender juntas."

Semanas depois, Mia apareceu segurando o celular.

"Alguém me enviou mensagens estranhas naquele aplicativo de desenho", contou. "Ele dizia ter 14 anos, mas parecia estranho."

Karen sorriu, orgulhosa.

"Você fez certo em me mostrar."

Elas denunciaram o usuário e apagaram o aplicativo.

Naquele momento, Karen percebeu algo importante.

Os limites não eram muros — eram pontes.

Mia não via a mãe como "polícia da tecnologia", mas como aliada.

E esse era o objetivo.

A casa parecia diferente agora.

Não mais restritiva — apenas mais consciente.

Havia regras:

- Nada de dispositivos após 20h
- Telas fora dos quartos
- Novos aplicativos exigiam conversa
- Todo domingo havia uma "conversa tecnológica" durante o café da manhã

Karen não precisava saber tudo sobre cibersegurança.

O importante era participar, estar presente e manter o diálogo aberto.

No final, o aplicativo escondido não foi apenas um alerta.

Foi o começo de uma conexão mais forte — onde Mia se sentia segura para perguntar, e Karen preparada para responder.

Esse é o verdadeiro significado da parentalidade digital.

Capítulo 9: Reconhecendo e Respondendo ao Roubo de Identidade

Roubo de identidade ocorre quando alguém utiliza suas informações pessoais — como número de documento, cartão de crédito, carteira de motorista ou credenciais de login — sem sua autorização, geralmente para cometer fraude. Isso pode incluir abrir contas bancárias em seu nome, solicitar empréstimos, enviar declarações fiscais falsas, acessar benefícios de seguro ou até se passar por você online.

As consequências podem variar desde perdas financeiras e danos ao crédito até problemas legais e estresse emocional. Em um mundo onde vazamentos de dados são cada vez mais comuns, aprender a reconhecer e reagir ao roubo de identidade é essencial para sua segurança e tranquilidade.

Sinais de Alerta de Roubo de Identidade

Roubo de identidade nem sempre aparece de forma dramática. Muitas vezes, os sinais são discretos.

Você pode notar:

- Transações não autorizadas no cartão de crédito
- Correspondências sobre contas desconhecidas
- Novas consultas no relatório de crédito
- Negativa inesperada de crédito
- Ligações de cobrança referentes a dívidas desconhecidas
- Descoberta de que sua declaração de imposto já foi enviada por outra pessoa

Mudanças aparentemente pequenas — como deixar de receber contas esperadas ou códigos de verificação — também podem indicar que alguém alterou seu endereço ou e-mail sem autorização.

A atenção constante costuma detectar fraudes antes que se tornem grandes problemas.

O Que Fazer Imediatamente Se Suspeitar de Roubo de Identidade

Se suspeitar que foi vítima, aja rapidamente.

Primeiro, coloque um alerta de fraude em seus relatórios de crédito junto a uma das principais agências de crédito:

- Equifax

- Experian
- TransUnion

Essas empresas notificam umas às outras automaticamente.

Depois, revise seus relatórios em busca de atividades desconhecidas.

Registre o caso no site da Federal Trade Commission através de IdentityTheft.gov.

O sistema gera um plano personalizado de recuperação, além de relatórios úteis para disputas, polícia e instituições financeiras.

Também entre em contato com empresas afetadas — banco, cartão, seguradora ou prestador de serviço — para congelar ou encerrar contas comprometidas.

Guarde registros de tudo: chamadas, protocolos e documentos.

Bloqueando Suas Informações

Depois de conter o problema inicial, é hora de impedir novos danos.

Troque senhas de todas as contas comprometidas — e também de qualquer conta que utilize credenciais semelhantes.

Use um gerenciador de senhas para criar combinações fortes e únicas.

Ative autenticação de dois fatores em:

- Contas bancárias
- E-mails
- Redes sociais
- Serviços financeiros

Considere aplicar congelamento de crédito.

Diferente do alerta de fraude, o congelamento impede abertura de novas linhas de crédito até que você autorize manualmente.

Você continua usando contas existentes normalmente, mas novos pedidos serão bloqueados.

Monitore Sua Identidade no Futuro

Recuperação é apenas metade da batalha. O monitoramento contínuo faz toda diferença.

Cadastre-se em serviços de monitoramento de crédito — muitos bancos oferecem gratuitamente.

Esses serviços alertam sobre:

- Novas contas
- Mudanças no score
- Consultas suspeitas
- Pagamentos atrasados

Você também pode considerar serviços de proteção contra roubo de identidade, como:

- LifeLock
- Aura
- IdentityForce

Eles incluem monitoramento da dark web, alertas de vazamento e cobertura financeira.

Verifique extratos bancários semanalmente. Analise relatórios de crédito ao menos uma vez por ano.

Guarde documentos sensíveis — como certidão de nascimento e cartão previdenciário — em local seguro.

Como Evitar Ataques Futuros

Grande parte dos roubos de identidade acontece devido a hábitos digitais frágeis.

Evite:

- Reutilizar senhas
- Clicar em e-mails suspeitos
- Compartilhar dados em Wi-Fi público
- Ignorar atualizações de software

Comece a desenvolver hábitos mais seguros:

- Use VPN em redes públicas
- Limite exposição nas redes sociais
- Verifique cuidadosamente mensagens suspeitas
- Destrua documentos físicos contendo dados pessoais

Tenha atenção especial ao correio físico. Correspondências podem conter dados financeiros.

Também eduque familiares — especialmente idosos e adolescentes — sobre roubo de identidade.

Muitas fraudes começam porque alguém da família compartilha informações sem perceber o risco.

Roubo de identidade pode parecer que alguém roubou seu nome, crédito e controle.

Mas, com reação rápida e hábitos mais inteligentes, você pode recuperar o controle — e dificultar futuras tentativas.

Não Era Meu Nome, Nem Minha Dívida

Anthony acabara de receber uma proposta de emprego.

Era sua vaga dos sonhos em uma startup fintech — salário melhor, trabalho remoto e bônus.

Mas durante a checagem de antecedentes, o RH entrou em contato.

“Seu relatório de crédito mostra contas inadimplentes, incluindo financiamento de carro e cartão de loja. Você conhece essas dívidas?”

Anthony congelou.

“Não”, respondeu. “Isso não é meu.”

Naquela noite, acessou o relatório de crédito.

Lá estavam várias contas abertas em seu nome.

Todas atrasadas.

Uma delas vinculada a um endereço em um estado onde nunca morou.

Ele não era vítima de simples fraude.

Era vítima de roubo de identidade.

E não sabia até onde aquilo chegava.

Passou horas ligando para Equifax, Experian e TransUnion.

Colocou alerta de fraude, contestou contas e solicitou relatórios completos.

Depois acessou IdentityTheft.gov e registrou o caso.

O site da FTC criou um plano detalhado de recuperação.

Ao final da noite, Anthony tinha dezenas de protocolos e um gosto amargo.

Como aquilo aconteceu?

Pensando melhor, lembrou-se.

Meses antes, havia clicado em uma página falsa de login do PayPal.

Parecia real.

Inseriu credenciais.

Depois recebeu um falso e-mail bancário pedindo confirmação de identidade.

Algo parecia estranho — mas ignorou.

Agora pagava o preço.

As semanas seguintes foram exaustivas.

Ligou para bancos, cartões e credores.

Algumas empresas ajudaram rapidamente.

Outras desconfiaram.

Registrou boletim de ocorrência.

Também contatou o órgão tributário para prevenir fraude fiscal.

Por sorte, nenhuma declaração falsa havia sido enviada.

Anthony congelou crédito nas três agências.

Isso lhe devolveu sensação de controle.

Seu emprego ficou temporariamente suspenso enquanto tudo era analisado.

A empresa não cancelou a oferta — mas precisava de mais tempo.

Ele esperou anos por aquela oportunidade.

Agora, ações de outra pessoa ameaçavam esse futuro.

Determinado a nunca repetir isso, mudou todas as senhas.

Instalou gerenciador de senhas.

Criou frases longas.

Ativou autenticação em tudo.

Também assinou serviço de monitoramento de identidade.

Os resultados foram assustadores.

Suas informações haviam aparecido em três grandes vazamentos — incluindo uma rede internacional de hotéis.

Ligou para os pais e explicou tudo.

Eles nunca haviam consultado relatórios de crédito.

Sua mãe ainda usava data de nascimento como senha bancária.

"Isso não é só sobre mim", explicou. "Qualquer pessoa pode ser alvo."

Meses depois, recebeu confirmação final.

As contas fraudulentas foram removidas.

Seu score começou a subir novamente.

A fintech concluiu contratação.

Mas algo dentro dele havia mudado.

Anthony deixou de acreditar que "privado" significava protegido.

Passou a revisar transações semanalmente.

Organizou palestras sobre roubo de identidade.

Ajudou amigos a reconhecer phishing antes que virasse desastre financeiro.

Mais importante: aprendeu a não ignorar sinais.

Se algo parecia suspeito, verificava.

Se aplicativo pedia permissões demais, recusava.

Se um site não usava HTTPS, fechava imediatamente.

Anthony deixou de ser vítima.

Tornou-se vigilante.

Certa manhã, recebeu um alerta.

Alguém tentara abrir conta usando seu nome.

Mas o congelamento de crédito bloqueou instantaneamente.

Nenhum dano.

Ele sorriu.

Dessa vez, estava preparado.

Sua história foi difícil — custou tempo, sono e oportunidades.

Mas trouxe algo mais poderoso:

Consciência.

Anthony entendeu que identidade não é apenas um nome.

É como seus dados são compartilhados, armazenados e protegidos.

E, no mundo digital, essa identidade precisa ser defendida todos os dias.

Capítulo 10: Construindo uma Mentalidade de Cibersegurança para a Vida Toda

Muitas pessoas enxergam a cibersegurança como algo pontual — instalar antivírus, trocar algumas senhas, ativar autenticação de dois fatores e pronto. Mas, na realidade, cibersegurança não é apenas uma tarefa. É uma mentalidade — uma forma de pensar que integra segurança digital à vida cotidiana.

As ameaças evoluem constantemente, e sua consciência também precisa evoluir. Seja em casa, viajando, comprando online ou trabalhando remotamente, sua capacidade de pensar criticamente e agir com cautela determina seu nível de proteção.

Uma mentalidade de cibersegurança transforma reação em prevenção.

Mantenha-se Informado Sem Ficar Sobrecarregado

Um dos maiores desafios da cibersegurança é manter-se atualizado.

Novos golpes, técnicas de phishing e campanhas de malware surgem diariamente.

Mas permanecer informado não significa viver com paranoia.

Significa criar consciência saudável e tornar o aprendizado um hábito.

Você pode acompanhar informações por meio de organizações como:

- Federal Trade Commission
- Cybersecurity and Infrastructure Security Agency
- Krebs on Security

Reserve alguns minutos por semana para ler notícias ou resumos sobre segurança digital.

Quanto mais familiarizado estiver com ameaças atuais, mais facilmente reconhecerá situações suspeitas.

É como escovar os dentes: pequenas ações consistentes evitam grandes problemas.

Ensine Outras Pessoas e Fortaleça o "Firewall Humano"

Uma das maneiras mais poderosas de fortalecer sua mentalidade é compartilhar conhecimento.

Ajude familiares, colegas e amigos a compreender ameaças comuns.

A maioria dos ataques não acontece por causa de tecnologia avançada — acontece porque alguém clicou no link errado ou usou senha fraca.

Quanto mais pessoas ao seu redor entenderem phishing, atualizações e boas práticas, mais seguro será o ambiente digital coletivo.

Você não precisa ser especialista.

Compartilhar o que aprendeu já ajuda a criar um “firewall humano” — um grupo de pessoas conscientes e preparadas.

Transforme Segurança em Hábitos Diários

Comece incorporando segurança à rotina.

Sempre que criar um novo login, use gerenciador de senhas.

Ao conectar-se a Wi-Fi público, ative VPN.

Quando receber mensagem inesperada, confirme a origem antes de clicar.

Quando aparecer uma atualização, instale.

Pratique a técnica "pare e verifique".

Antes de inserir dados, pergunte:

- Este site é seguro?
- Esta mensagem realmente veio do banco?
- Este download parece confiável?

Essas pequenas decisões levam segundos — mas reduzem drasticamente o risco.

Também reserve um momento trimestral para uma limpeza digital:

- Revisar permissões
- Excluir contas antigas
- Limpar histórico do navegador
- Atualizar senhas importantes

Pense nisso como uma faxina digital.

Equilibre Conveniência e Segurança

Todos gostam de conveniência.

Login automático, compras com um clique e dispositivos inteligentes facilitam a vida.

Mas toda conveniência possui um custo potencial.

Uma mentalidade de segurança significa reconhecer esse equilíbrio.

Talvez isso signifique gastar alguns segundos extras usando autenticação em duas etapas.

Ou decidir não salvar cartão de crédito no navegador.

Você não precisa eliminar conveniência — apenas entender os riscos.

Pergunte-se:

- Vale a exposição?
- Posso adicionar proteção sem perder praticidade?

Decisões inteligentes criam equilíbrio entre conforto e controle.

Evolua com as Novas Ameaças

Cibersegurança nunca termina.

À medida que tecnologias avançam — casas inteligentes, dispositivos vestíveis, fraudes com IA — sua mentalidade também deve evoluir.

O que funciona hoje pode ficar ultrapassado amanhã.

Comprometa-se com aprendizado contínuo.

Prepare-se também para o inesperado.

Saiba como agir se:

- Dados forem roubados
- Contas forem invadidas
- Identidade for comprometida

Tenha plano de recuperação, backups offline e contatos confiáveis.

A parte mais importante de uma mentalidade de cibersegurança é acreditar que você é capaz.

Você não precisa ser programador ou especialista.

Precisa apenas se importar o suficiente para agir.

Porque as pessoas mais seguras online não são as que sabem mais.

São as que nunca param de aprender.

A Mudança

Priya nunca pensou muito em cibersegurança – até quase perder o próprio negócio.

Tudo começou com um pequeno erro.

Ela trabalhava em seu café favorito, tomando chai enquanto atualizava uma proposta, quando surgiu uma página de login de Wi-Fi.

Parecia legítima.

Ela inseriu o e-mail e clicou em "Conectar".

Nada parecia errado.

Mas naquela noite percebeu algo estranho.

Sua conta Gmail registrou login em localização desconhecida.

Depois, a senha do Dropbox deixou de funcionar.

Logo em seguida, perdeu acesso ao site do portfólio.

Em poucas horas, alguém havia acessado:

- E-mail
- Armazenamento em nuvem
- Site profissional

O invasor não apagou arquivos, mas causou caos suficiente para gerar uma semana de estresse.

Priya não havia sido hackeada por técnica sofisticada.

Ela apenas baixou a guarda.

E isso bastou.

Passou dias trocando senhas, restaurando backups e respondendo clientes.

Continuava perguntando a si mesma:

"Por que conectei sem pensar?"

"Por que reutilizei senhas?"

Aquela semana foi seu despertar.

Começou a assistir vídeos e ler blogs sobre segurança digital.

Descobriu o conceito de "firewall humano".

Entendeu que muitos ataques não acontecem por hackers geniais — mas porque alguém não parou para verificar.

Decidiu que nunca mais seria tão vulnerável.

No começo, sentiu-se sobrecarregada.

VPNs, phishing, gerenciadores de senha, monitoramento da dark web...

Parecia outro idioma.

Mas ela persistiu.

Uma mudança por vez.

Começou usando gerenciador de senhas.

Criou senhas únicas.

Ativou autenticação em tudo.

Passou a usar Brave por privacidade.

Ligou atualizações automáticas.

Nunca mais acessou Wi-Fi público sem VPN.

Criou backups na nuvem e em HD criptografado.

Cada passo aumentava sua confiança.

Seu comportamento mudou.

Quando recebia mensagem suspeita, não clicava.

Quando um cliente enviava cobrança estranha, confirmava.

Parou de conceder permissões desnecessárias.

Revisou redes sociais e removeu publicações antigas.

Cibersegurança deixou de ser obrigação.

Virou mentalidade.

E parte de quem ela era.

Um dia escreveu um artigo chamado:

"Cibersegurança para Criativos: Seu Portfólio Não Está Seguro por Padrão"

O texto viralizou.

Designers, fotógrafos e escritores agradeceram.

Ela passou a ministrar workshops.

"Você não precisa ser especialista", dizia. "Só precisa aprender."

O que mais a surpreendeu não foi a quantidade de conhecimento.

Foi perceber como as mudanças eram simples.

O mais difícil era começar.

Agora, fazia uma "limpeza digital profunda" a cada trimestre.

Revisava permissões.

Excluía contas antigas.

Atualizava senhas.

Pesquisava vazamentos de dados.

Virou rotina.

Cibersegurança tornou-se seu superpoder silencioso.

Certa noite, a irmã ligou em pânico.

Recebera ligação suspeita pedindo número previdenciário.

Priya orientou calmamente.

“Era engenharia social”, explicou. “Você fez certo em desligar.”

A irmã perguntou:

“Quando você ficou tão boa nisso?”

Priya sorriu.

“Depois que quase perdi tudo.”

Anos depois, Priya lembraria daquele café como ponto de virada.

Ela não vivia com medo.

Vivia preparada.

Cibersegurança não era algo que fazia uma vez.

Era algo que praticava diariamente.

E isso não a deixava paranoica.

Fazia com que se sentisse no controle.

Porque, na era digital, segurança não depende apenas de antivírus ou e-mails criptografados.

Depende da capacidade de pausar, questionar, verificar e se adaptar.

Essa foi a mentalidade que Priya escolheu.

E ela mudou tudo.

Epílogo: Um Você Mais Seguro Começa Agora

Se você chegou até aqui, parabéns. Você deu o primeiro — e mais importante — passo para proteger sua vida digital: a conscientização. A internet transformou a maneira como vivemos, trabalhamos e nos conectamos. Mas, com esse poder, vem também a responsabilidade. Não podemos mais tratar a cibersegurança como responsabilidade de outra pessoa, nem presumir que configurações de segurança ajustadas anos atrás ainda sejam suficientes. A verdade é que as ameaças digitais nunca descansam. Mas sua capacidade de superá-las também não.

Você não precisa se tornar um gênio da tecnologia ou analista de cibersegurança para permanecer seguro online. Basta manter-se atento, desenvolver hábitos inteligentes e continuar curioso. Cada história apresentada neste livro mostrou exemplos reais de pessoas comuns — empresários, pais, freelancers e estudantes — que foram alvo não porque eram famosos, mas porque estavam conectados. Assim como você.

O mundo digital recompensa velocidade, conveniência e compartilhamento constante. Mas essas mesmas características também podem nos expor. Um clique, uma senha reutilizada, um link não verificado — muitas vezes isso é tudo o que basta para alguém se tornar vítima. É por isso que cibersegurança não é apenas um problema de software. É uma questão de decisão humana. E a boa notícia é que seres humanos aprendem. E você já aprendeu.

Este livro não apenas ofereceu dicas. Ele apresentou uma estrutura: proteger dispositivos, resguardar contas, reconhecer golpes, fazer backup de dados, pensar criticamente e compartilhar conhecimento com quem você ama. Se você aplicar essas práticas de forma consistente — não perfeita — já estará mais protegido do que a maioria das pessoas.

Agora você construiu uma base. O próximo desafio é mantê-la forte.

Cibersegurança não é um destino. É um estilo de vida. À medida que novas ameaças surgem — desde phishing gerado por IA até falsificação biométrica e deepfakes — seu papel é adaptar-se, não entrar em pânico. Mantenha a calma, permaneça informado e, quando não entender algo, reserve alguns minutos para pesquisar. Muitas vezes, essa pequena pausa é tudo o que você precisa para identificar um golpe ou reforçar uma configuração.

Não desanime se esquecer alguma etapa ou baixar a guarda em algum momento. O importante é seu compromisso em corrigir a rota. Você ficará mais preparado a cada artigo lido, atualização instalada e momento de conscientização. Pense na sua higiene digital da mesma forma que pensa em trancar a porta de casa, lavar as mãos ou colocar o cinto de segurança. Não é algo dramático — é apenas inteligente.

Se você é pai ou mãe, ensine seus filhos desde cedo. Se lidera uma equipe, treine seus colaboradores. Se faz parte de uma comunidade, compartilhe as lições simples que aprendeu aqui. A maioria das pessoas não se torna vítima de crimes digitais porque é ingênua — elas se tornam vítimas porque ninguém lhes ensinou o que observar.

Mas agora que você sabe, está em posição de liderar pelo exemplo.

Você pode ser a razão pela qual sua casa se torna mais segura. Pode ser a voz que lembra colegas de verificar links antes de clicar. Pode ser o amigo que ensina como congelar crédito, denunciar phishing ou recuperar identidade roubada. Uma conversa pode mudar a vida de alguém — ou salvar sua vida digital.

E quando surgir frustração — quando senhas parecerem complicadas ou privacidade parecer impossível — lembre-se: você não está indefeso. Você está mais preparado do que a maioria. E essa preparação lhe dá vantagem.

Cibersegurança não significa que você nunca será alvo. Significa que saberá o que fazer quando for.

Reserve um momento para reconhecer o quanto evoluiu. Desde entender como golpistas operam até fortalecer senhas e proteger sua família online, você adquiriu habilidades que muitas pessoas nunca terão. Você não apenas absorveu conhecimento. Você transformou sua maneira de pensar.

Essa é a verdadeira vitória.

Ao fechar este livro, lembre-se desta verdade final: cibersegurança não é apenas defesa. É empoderamento. Você é dono dos seus dados. Você controla sua identidade online. Você define os limites digitais da sua vida.

E agora, está pronto para defendê-los — não com medo, mas com confiança.

Siga em frente não apenas como usuário da tecnologia... mas como alguém que a domina.

Porque, em um mundo onde dados representam poder, você acabou de se tornar mais forte do que nunca.

www.ingramcontent.com/pod-product-compliance
Lightning Source LLC
LaVergne TN
LVHW022229200926
848481LV00006B/2185

* 9 7 9 8 2 9 5 8 7 0 6 7 5 *